개정판

관광과 문화

Tourism and Culture

김석출 · 유종서 · 김영표 공저

백산출판사

Preface

책을 완성해 가면서 이 작업이 얼마나 어려운 것인가를 절실히 느꼈으며 또한 향후 한국 관광산업을 주도해 갈 주역들이 본 도서를 교재 또는 참고서적으로 활용한다고 생각하니 무거운 책임감을 느끼지 않을 수 없습니다. 본 도서는 전공자가 기초적인 지식을 얻고자 하거나 비전공자들이 관광관련 교양과목을 이수할 때 유용하게 활용되어질 수 있도록 고려하여 집필되었습니다. 따라서 지나친 전문용어나 세부적인 내용은 의도적으로 피하였으며 관광공급자 측면에서 뿐만 아니라 수요자 관점에서도 유용하게 활용될 수 있도록 작업하였습니다. 이 책이 완성될 수 있도록 격려해주시고 도움을 주신 정강환 대학원장님, 김영태, 박준용 교수님 그리고 동료 교수님들에게도 깊은 감사의 말씀을 드리고 싶습니다. 특히 본서를 집필하는데 많은 도움을 주신 이원옥, 김정매, 김일호 선생님 그리고 타이핑 작업을 도와준 학부생 조현에게도 감사드립니다. 마지막으로 저희들을 지속적으로 독려해 주시고 개정본이 완성될 때까지 인내심을 갖고 기다려주신 백산출판사의 진욱상 사장님과 조경연 이사님 그리고 편집부 직원분들께 깊은 감사의 뜻을 전하고 싶습니다.

2016년 8월 2일

김석출, 유종서, 김영표

CONTENTS

제3장 | 항공사

제4장 | 호 텔

제5장 | 기타 숙박산업

제6장 | 레스토랑

제7장 | 와인과 칵테일

제9장 | 여권 및 비자발급

제10장 | 한국의 유명 관광지

제11장 | 해외의 유명 관광지

제12장 | 세계의 축제

01 Chapter

여가와 관광의 개념

제 1 장 여가와 관광의 개념

1 여가와 관광의 개념

우리는 흔히 관광은 하나의 사회적 현상이고 다양한 관점에서 해석될 수 있으므로 정의하기가 매우 까다롭다고 얘기한다. 그러나 우리가 관광을 정의해야 할 당위성은 단순히 관광을 쉽게 이해하기 위해서 뿐만 아니라 관광의 정의를 통해 측정과 법제화하는데 용이하도록 하는데 있다고 볼 수 있다. 어디까지를 관광산업 또는 관광객의 범주로 이해하는가는 결국 실질적인 통계수집과 관련법규를 제정하는데 매우 중요한 기준이 되므로 관광의 정의는 학자간 또는 국가간 차이가 있을 수 있으나 반드시 필요하고 중요한 것이라고 볼 수 있다.

일반적으로 정의는 특성을 도출하고 그러한 특성을 잘 연결하면 하나의 정의를 만들어낼 수 있다. 따라서 관광의 특성을 우선 살펴보면 다음과 같다.

① 일시적인 이동(현재 거주지에서 벗어나 다시 돌아온다는 전제)
② 주로 영리와 무관한 활동을 수반
③ 목적지의 제반 시설 이용

위와 같은 특성을 잘 반영하여 도출한 것이 바로 월과 메티슨(Wall & Mathieson, 1982)의 정의이며 가장 많이 인용되어지는 것 같다. 그들은 관광을 "사람이 직장과 거주지로부터 일시적으로 벗어나 관광지로 이동을 하고 그곳에서 머무르는 동안 특정한 활동을 하며 그들의 욕구를 충족시켜 줄 수 있는 제반 시설들을 이용하는 것"이라고 정의하고 있다.

앞에서 제시된 여러 정의를 종합해 보면, 관광이란 다음과 같은 내용을 가진 사회현상으로 개념화할 수 있다.

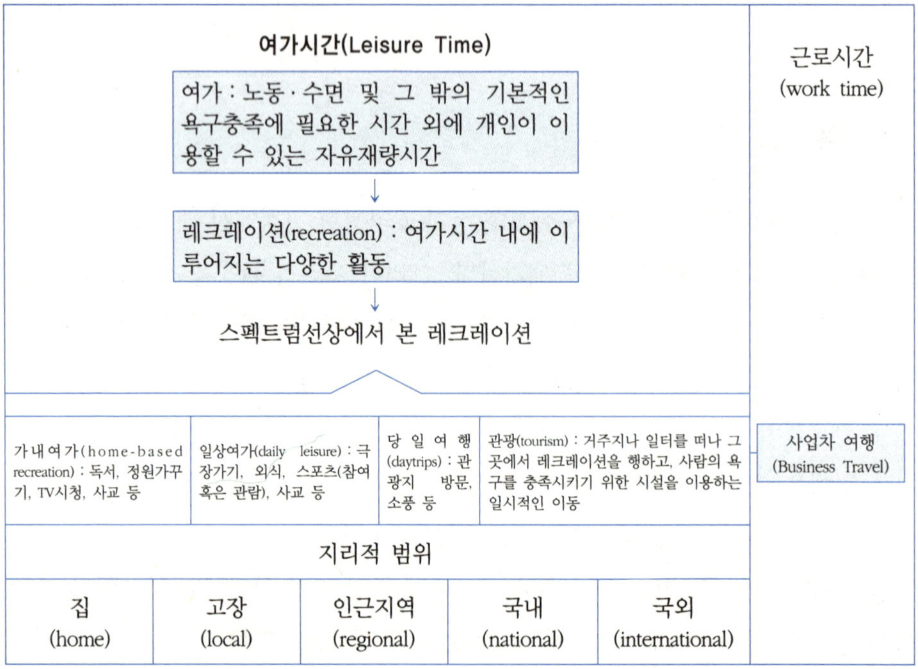

자료 : Boniface & Cooper(1997).

그림 1-1 여가, 레크리에이션, 관광개념의 구분

즉 관광은 "사람이 일상의 생활권을 떠나 다시 돌아 올 것을 전제로 주로 영리와 무관한 활동을 수반하며 그들의 기본적인 욕구충족을 위해 목적지의 제반 시설을

이용하는 것"으로 정의될 수 있으며 이를 더욱 축소 정의하면 "거주지를 떠나 돌아오기까지의 제반 경험의 집합체"라고 말 할 수 있다.

가. 관광산업

관광산업은 관광객의 욕구(needs)와 요구(wants)를 충족시킬 수 있는 회사, 기관, 시설 등을 포함한다. 관광산업은 곧 관광공급을 의미하며 이러한 관광공급을 정의하는데 있어서 문제점은 바로 이러한 관광산업이 관광객뿐만 아니라 지역주민들까지도 고객으로 간주하기 때문이다. 〈표 1-1〉은 스미스(smith, 1989)가 관광공급을 1급과 2급으로 분류하여 이해하려고 시도하였는데, 분류기준은 바로 특정 산업이 수익을 발생시키며 생존하는데 있어 관광객의 매출에 어느 정도 의존하는가이다. 1급 관광산업의 경우 관광객 없이는 아예 생존이 불가능한 산업을 의미하고 2급 관광산업의 경우 전적으로 관광객에 의존하는 것은 아니어서 관광객 없이도 지역주민에 의해 어느 정도 생존이 가능할지 모르지만 궁극적으로는 상당히 위축될 수 있는 산업을 의미한다.

표 1-1 관광공급체의 분류

급수	산업체	관광객에 의한 매출비율
1급	항공사, 호텔, 국립공원	100%
2급	레스토랑, 택시, 지역관광지	10~90%

자료 : Cooper, Fletcher, Gilbert & Wanhill(1993), p.5. 재인용

나. 관광자와 관광객의 구분

'관광자'란 결국 관광행위를 하는 사람이라고 할 수 있다. 물론 관광을 행하는 사람을 '관광객'이라고 칭하는 경우도 있지만 '관광자'와 '관광객'은 관광을 행하는 사람을 의미한다는 관점에서 동의어라고 할 수 있다.

한편, 학자들은 대체로 관광의 구성요소를 ① 인간, ② 관광대상, ③ 매체로 대별한다. 이러한 세가지 요소의 관점에서 관광학에 대한 다양한 접근방법이 크게 두 가지로 분류되어 이루어지고 있다(양위주 · 장희정, 2001; 조현호 · 김석출, 2003).

첫째, 인간의 관광행위를 하나의 현상으로서 즉 인간의 다양한 행위 중의 하나로 간주하면서, 인간의 관광행위(관광자)를 주체로 놓고 관광행위에 의한 현상과 그에 따른 각종 영향과 사회적 효과를 분석하며 고찰하는 것이다. 이때 우리는 관광하는 사람을 '관광자'로 부르게 되며 연구에 있어서 주체가 되는 것이다.

둘째, 관광대상이나 관광매개의 관점에서의 접근이다. 관광행위가 발생시키는 영향과 효과를 경영 · 경제학적 관점에서 분석하는 것이다. 다시 말해서 관광산업(관광기업)의 관점에서 인간의 관광행위를 연구대상으로 삼는 것이다. 이 경우 관광산업(기업)의 주체가 되는 만큼 그 대상이 관광하는 사람은 고객, 즉 '관광객'이 되는 것이다. 결국 '관광객'이란 관광산업체가 생산한 상품과 서비스를 구매 · 소비하는 경제단위로서 이해될 수 있으며, 관광산업체의 입장에서는 소비자(consumer)를 의미하게 되는 것이다. 이와 같이 '관광자'와 '관광객'은 관광하는 사람을 지칭한다는 의미에서는 동의어라고 할 수 있지만, 학문적 접근방법이나 연구대상의 관점에 따라서는 구별되어 사용된다(양위주 · 장희정, 2001).

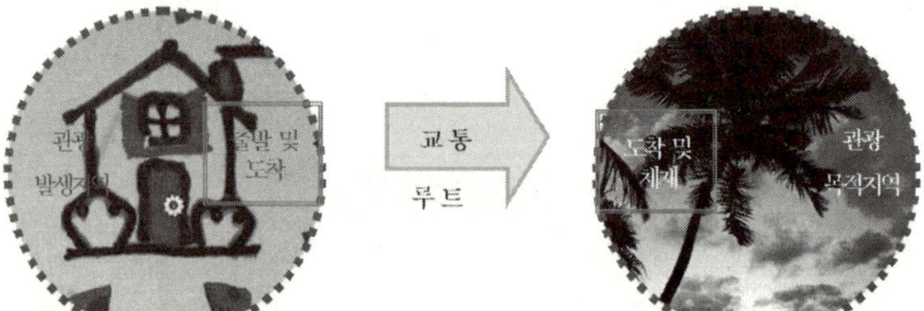

자료출처 : Leiper(1990)

┃그림 1-2┃ 관광시스템

[그림 1-2]에 나타나 있는 리퍼(Leiper)모형은 관광산업을 한눈에 이해할 수 있도록 도식화한 개방시스템 모형이라고 볼 수 있다. 우선 왼쪽에 위치한 관광발생지역에는 관광객을 여행하도록 자극하고 동기를 유발하는 송출 또는 배출요인(push factor)을 제공하는 반면 관광목적지역은 그 자체가 관광의 존재이유(*raison d'être*)이며 관광송출지역의 관광객을 끌어들이는 흡입요인(pull factor)을 제공하고 있다. 구체적으로 배출요인으로는 다양한 매체의 광고, 여행사 등을 그리고 흡입요인으로는 관광매력물, 숙박산업, 식음료산업, 유흥산업 등을 예로 들 수 있다. 송출지역과 목적지 간에는 이동을 위해 교통, 운송산업이 존재하며 이렇게 되면 관광의 모든 산업을 이 시스템으로 설명할 수 있게 된다. 그리고 이 세 가지 요인(배출, 이동, 흡인) 외부에는 인간, 사회 · 문화, 경제, 기술, 물리, 정치, 제도적 환경이 둘러싸고 있으며 이들은 언제든지 배출, 이동, 흡입요인에 영향을 줄 수 있으므로 개방형시스템이라고 볼 수 있다.

2 관광산업의 환경변화[1)]

국내 · 외 관광환경의 변화는 문화관광부에서 해마다 출판하는 『관광동향에 관한 연차보고서』를 통하여 알 수 있다. 이에 따르면 지식정보산업, 환경산업과 더불어 21세기 대표적 성장산업으로 손꼽히고 있다. 이러한 성향은 '관광'이 하나의 산업으로서 또한 인간의 여가욕구로서 자리잡아가고 있음을 의미한다.

경제성장의 지속에 따른 소득증가는 국민의 해외여행을 특별한 경험이 아닌 누구나 누릴 수 있는 경험으로 변화시키고 있다. 1988년 서울올림픽 이듬해인 1989년에 해외여행자유화를 선언하고 그 후 한국에 본격적인 대중관광 바람이 불기 시작하였다. 1997년 외환시장에서 촉발된 경제위기로 해외여행이 일시 주춤하였으나 경제의 회복과 더불어 다시 빠르게 증가하고 있다. 경쟁국에 비하여 높은 물가수

1) 이 내용은 문화관광부에서 2004년에 발간한 「2003년 관광동향에 대한 연차보고서」 내용을 근간으로 작성되었음.

준, 숙박시설 등 관광인프라의 부족은 외래객의 증가를 더디게 하고, 이에 더하여 각종 장단기 유학 · 연수목적 출국자의 증가는 관광수지를 구조적인 현상으로 이해하도록 하고 있다. 이제는 관광수지도 중요하지만 외래관광객의 지출에 의한 관광수입과 그와 관련된 고용창출, 지역경제 활성화 등이 보다 중요한 정책목표로 부각되고 있다.

최근 급속히 확대되고 있는 주5일근무제와 대체휴일제의 도입은 관광산업에 또 다른 도전을 안겨주고 있다. 관광은 여가시장에서 가장 각광을 받는 분야이다. 그러나 국내의 관광여건이 이 늘어난 여가와 높아진 기대수준을 만족시켜 주지 못할 때 이 확대된 여가는 다른 경쟁분야로 흡수되거나 국외여행으로 분출될 것이다.

관광은 이제 모두가 누리는 기본적인 권리로 인식되어야 한다. 향락적이거나 소비적인 활동이 아니라 창조적인 생산활동으로 이해되어야 한다. 국제관광이 민족 간의 이해증진에 기여한다는 세계관광기구 헌장의 문구처럼 국내관광은 지역 간의 이해에 기여하여 사회적 통합에 기여하고 우리 문화에 대한 자긍심을 갖게 한다.

가. 국제적 환경

1990년대 이후 국제경제의 개방화는 국제자본과 인력이동의 가속화, 광역화를 유발하였고, 경제 블록화의 심화는 인접 지역간의 진입장벽을 급속하게 무너뜨리면서 지역내 유대를 강화하려는 움직임으로 나타났다. 이러한 영향으로 지역간 관광교류 협력을 위한 노력이 국제기구나 지역경제 통합체를 중심으로 활발하게 전개되었으며, 국제관광 이동량도 지속적인 증가세를 보이고 있다. 관광부문에서는 UNWTO(세계관광기구), APEC, ASEAN+3, OECD 등 국제기구를 중심으로 관광부문의 국제적인 협력이 활발하게 전개되고 있다.

또 다른 변화는 지식정보시대의 도래이다. 정보기술의 발달과 인터넷 보급의 확산은 경제 전반에 광범위하게 응용되기 시작하였고, 그 영향으로 관광산업에서도 전자상거래의 규모가 증가하고 관광안내정보 네트워크의 구축이 급속도로 진전되기 시작했다. 이러한 기술진보의 영향으로 시간과 장소에 상관없이 관광정보 및 서비스의 제공 또는 취득이 가능하며 점차적으로 지구의 어느 곳이든 국경 없는 여행이 가능해져 가고 있다.

또한 환경문제에 대한 국제적 관심이 고조되어 관광자원 개발시 환경친화적인 개발방식에 대한 논의가 활발하게 이루어지고 있다. UN은 2002년을 「세계 생태관광의 해」로 지정하였으며, WTO 역시 2002년의 주요 국제행사로 「세계 생태관광 정상회의」를 개최하였다. 자연친화적인 관광활동에 대한 수요증가로 모험관광, 생태관광, 문화관광, 자연관광, 녹색관광 등이 각광을 받기 시작했다. 따라서 미래의 관광시장은 기존 대량 관광에 대한 반작용과 환경보전에 대한 인식 증대 등으로 인하여 자연환경과 고유문화를 보전하면서 체험하는 대안적 관광의 중요성이 지속될 것으로 전망된다.

세계관광기구에 의하면, 21세기 관광환경 변화의 커다란 조류는 세계화와 지역화의 가속화, 관광네트워크 구축에 대한 정보통신기술의 영향력 확대, 여행수속의 간소화 및 신속화 등의 영향으로 신속하고 편리한 여행 추구, 오지여행의 증가 및 우주관광시대의 개막, 해외여행의 일상화, 3Es(Entertainment, Excitement, Education)를 결합한 테마별 관광상품의 부상 등과 같은 특성을 보일 것으로 전망하고 있다.

이러한 변화 속에서 세계 각국은 관광산업을 21세기 국가전략산업으로 육성하고자 다양한 관광상품 개발과 관광인프라 확충 등 관광진흥정책을 수립하여 추진하고 있다. 일본의 「Welcome Plan 21」, 싱가포르의 「Tourism 21 : Vision of a Tourism Capital」, 홍콩의 「Hong Kong Tourism : Expanding the Horizons」, 호주의 「Tourism : A Ticket to the 21st Century」, 영국의 「Tomorrow's Tourism : A Growth Industry for Millennium」 등이 21세기 관광진흥정책의 대표적 사례이다.

그러나 동전의 양면처럼 관광산업에 부정적인 파급효과를 미치는 것들도 존재한다. 예를 들면, 세계1차(1974년) 및 2차(1979년) 석유파동, 걸프전쟁(1992년), 2001년 9월 11일 쌍둥이 빌딩 테러사건과 2004년 12월에 발생한 지진해일(쓰나미)로 인하여 세계관광이 일시적으로 위축되기도 하였다. 그러나, 결과적으로 이러한 부정적 파급효과가 인간의 여가욕구를 황폐화시키지는 못하였다. UNWTO 보고서에 따르면 2020년에는 국제관광객이 16억명에 달하게 된다고 장기적인 수요예측을 한 바 있다.

나. 국내적 환경

1990년대 중반까지 국내경제는 전반적으로 고도성장을 지속해 왔으나 1998년에는 외환위기로 한 때 어려움을 겪기도 하였다. 그러나 2000년 이후 점차적으로 외환위기를 극복하면서 IMF 보고서에 의하면 한국인 1인당 GDP는 거의 3만달러에 달하는 것으로 나타났다. 이러한 경제적 환경의 변화는 국민소득수준의 향상으로 이어져 국민의 문화 및 관광활동 향유에 대한 다양한 욕구를 증대시키고 있다.

또한 여가시간 차원에서도 주당 평균근로시간이 1970년 52시간에서 2000년에는 44시간으로 감소하였고, 2000년 10월 노사정위원회에서 법정근로시간을 40시간으로 단축하는 내용의 합의문을 채택함에 따라 주5일근무제의 실현이 가시화되었다. 공무원들에 대한 주5일근무제 시험실시, 금융권의 주5일근무제 돌입, 휴가분산제 확대 등으로 개인의 관광기회가 확대되는 동시에 체류형 관광행태가 증가할 것이다.

경제성장 및 여가시간의 증대와 더불어 인구구조에도 큰 변화가 나타나고 있다. 통계청에 따르면 65세 이상의 노령인구가 2000년 7.1%에서 2015년에는 13.1%, 2060년에는 40%대로 증가할 것으로 예측된다. 이러한 노령인구의 증가에 대비하여 이들을 위한 관광시설 및 서비스 공급이 크게 확대할 것으로 전망된다. 또한 정보화와 더불어 탄생한 N세대의 출현은 다양하고 개성있는 욕구 표현과 디지털 생활의 편리함과 익숙함으로 인하여 관광시장에 새로운 변화를 가져오고 있다.

환경보전 노력의 증대는 관광산업에 직접적인 영향을 미치고 있다. 국제적인 추세와 더불어 우리나라에서도 정부나 시민단체를 중심으로 한 환경보전 활동이 광범위하게 확산되고 있다. 이로 인하여 자연 속에서 체험하고 학습하는 녹색 · 생태관광에 대한 관심이 고조되고, 관광개발에서도 지속가능한 개발이 중요해지고 있다.

02 Chapter

여행사

제 2 장 여행사

1 여행사의 등장

여행사의 기원은 1800년대 중반 영국의 토마스쿡(Thomas Cook)으로 거슬러 올라간다. 지금은 Thomas Cook AG라는 회사로 5대륙에 걸쳐 28,000여명의 식원이 있는 항공업, 호텔업, 여행도소매업 관련 거대 체인회사이다. 경제가 부흥함에 따라 생활수준이 향상되었고, 가처분소득의 증가에 따른 소비패턴의 변화, 생산수단의 기계화와 자동화 진전에 노동자의 근로시간 단축은 여가시간의 증대를 가져왔다. 이와 같이 여행사는 관광이라는 현상이 대중화된 이후 차츰 정형화된 관광상품을 체계적으로 판매하기 위한 중개인으로서의 역할이 요구되어 등장한 것으로 여겨진다.

한편, 교통수단의 발달은 자연스럽게 이동에 대한 편리성을 제공하였으며, 실질적으로 시간적 거리를 단축시켰다. 또한 기본적인 인프라의 발달은 여행의 증가와 활성화에 기여하게 되었다. 이러한 모든 여건들이 여행을 우리 생활의 일부로 정착하게 하고, 여행의 수요증대와 이에 대비한 관광시설의 확충은 자연스럽게 여행객과 여행시설업자(principal) 간의 편의와 이용도를 높이기 위한 매체를 필요로 하게 되었다. 즉, 여행객과 여행시설업자가 직접적인 거래를 하는 것이 불편해졌고,

그 불편을 해소하기 위해 새로운 매체를 필요로 하게 된 것이다(안대희 · 전영상 · 최규식 · 권봉헌, 2003).

토마스 쿡(Thomas Cook)

▌그림 2-1▐
토마스 쿡(Thomas Cook)

여행업에도 도소매 개념이 있다. 여행업의 도매 개념인 투어오퍼레이터(Tour Operator)의 창시자 인 토마스 쿡은 1808년 영국의 더비셔(Derbyshire) 멜본(Melbourne)에서 장남으로 태어났지만 세살 때 아버지를 여의고 홀어머니는 곧 재혼을 하게 된다. 궁핍한 생활로 인해 10세에 그 당시 주급 6펜스를 받고 시장에서 막일을 하였으며 14세가 되던 해에 가구점의 견습공으로 일하게 된다. 엄격한 침례교의 신도로서 자란 그는 절주협회(temperance society)에 가입하게 되고 1826년 19세가 되던 해에 설교를 전파하는 전도사로서 전단지도 배부하고 돈을 벌기 위해 틈틈이 가구점일도 병행하였다. 그는 540명의 절주캠페인 참가자들을 이끌고 레스터 캠벨 스트리트(Leicester Campbell Street) 역에서 11마일 떨어진 로보로(Loughborough) 역까지 이동하여 그곳에서 절주캠페인 활동을 기획하기도 했다. 여기서 그는 대량의 철도티켓이나 숙박시설을 구매하는 경우 규모의 경제(Scale of Economy)로 인해 가격 할인을 위한 협상을 하게 되고 이것이 도매여행사가 여행상품을 기획할 때 비용을 절감하게 되는 배경이 되었다고 볼 수 있다.

2 여행사의 개념 및 의의

여행사의 정의는 법률적 정의와 현상학적 정의로 구분할 수 있다(안대희 · 전영상 · 최규식 · 권봉헌, 2003).

먼저 법률적 정의를 보면, 관광에 대한 분류와 사업기준을 제시하고 있는 관광진흥법 제3조 제1항 제1호에서 "여행업이란 여행자 또는 운송시설 · 숙박시설 기타 여행에 부수되는 시설의 경영자 등을 위하여 당해 시설이용의 알선이나 계약체결의 대리, 여행에 관한 안내 기타 여행의 편의를 제공하는 業"으로 정의되고 있다.

표 2-1 여행사의 정의

구분	연구자	여행사에 대한 정의
국내	김진섭(1994)	여행객과 교통기관, 숙박시설 등 여행과 관계를 맺고 있는 사업의 중간에서 여행객에 대하여 예약, 수배, 알선 등 여행서비스를 제공하고 일정한 대가를 받아 영업하는 사업자
	윤대순(1996)	여행관련업자를 알선하여 주고 수수료를 받거나, 여행관련기업의 이용권을 판매하며, 기타 관련업무를 수행하는 사업자
	이선희(1984)	여행객과 여행시설업자와의 사이에서 거래상의 불편을 덜어주고 중개해 줌으로써 그 대가를 받는 기업
	이항구(1987)	여행객과 운수업자, 숙박업자 등 여행객을 대상으로 사업을 영위하는 시설업자의 중간에 서서 여행에 관련된 이용시설의 예약, 수배, 알선 등의 여행서비스를 제공하고 일정한 수수료를 받아 영업하는 사업체
	정익준(1995)	교통운송업자 등과 같은 시설업자와 여행객의 중간에 위치하여 여행객을 위하여 시설이용과 알선 등의 서비스를 제공하고 대가를 받아 경영하는 사업
	안대희 등(2003)	여행상품을 기획 · 생산 · 판매하고 여행객을 상담 · 안내하며, 여행객과 여행관련 사업자를 위하여 상호 알선하고, 여행관련 사업자의 사용권을 매매하며, 기타 여행에 관련된 업무를 수행하고 그에 따른 영리를 추구하는 기업
국외	ASTA(1989)	여행관련업자를 대신하여 제 3자와 계약을 체결하고 또한 이것을 변경 내지 취소할 수 있는 권한이 부여된 자
	Coltman(1989)	여행객과 공급자 사이에서 항공, 호텔, 선박 등의 예약 또는 기타 유통의 업무를 수행하는 자
	Gee(1984)	여행객을 위하여 일정을 작성하고, 교통, 숙박시설, 레스토랑을 비롯하여 각종 입장권, 관람권 등을 수배하며 여행객

구분	연구자	여행사에 대한 정의
		의 흥미를 끌 수 있는 여행을 스스로 기획, 발표하고 단체관광을 모집, 실시하여 여행을 주치하는 자
	Harris(1984)	미리 짜여진 패키지 투어를 판매하는 것 외에 개인 여행일정표를 만들고, 호텔, 모텔, 리조트, 식사, 관광 그리고 공항 호텔간 화물과 승객의 수송 등을 수배하며, 정보를 여행객에게 제공하고 이에 대한 서비스의 대가로 수수료를 받는 사업자
	McIntosh& Goeldner(1986)	특정지역의 프린서펄을 대표하는 법적으로 지정된 에이전트의 역할을 수행하는 자

자료출처 : 안대희 · 전영상 · 최규식 · 권봉헌(2003), 「여행사경영론」

위의 〈표 2-1〉에서 제시하고 있는 바와 같이 여행의 본원적 개념을 강조하고, 여행사를 어떤 측면에서 바라보는가에 따라 약간의 차이가 발생하고 있다. 이러한 현상은 여행사의 기능이 초반기에는 알선 및 중개수단으로 소극적이었으나, 차츰 발전하면서 여행상품의 생산과 판매 그리고 마케팅활동 등을 강조하고 있기 때문으로 판단된다.

이와 같은 선행연구를 비롯하여 여행업의 역할과 기능적 측면을 고려하여 다음과 같은 정의를 제시한다. 즉, 여행업이란 여행관련시설과 사업체를 연결하는 중개 · 알선업무, 여행자를 위한 여행에 관한 정보 및 편의를 제공하는 것과 독자적인 여행상품의 기획과 판매를 담당하는 業이라고 볼 수 있다.

3 여행사의 종류

여행업은 여행업체의 규모와 형태, 주요 업무내용에 따라 도매업과 소매업으로, 외형적 규모나 매출규모에 따라 대기업과 중소기업으로, 그리고 주요 영업대상자와 대상지에 따라 국외여행업, 국내여행업, 일반여행업 등으로 분류될 수 있다. 그러나 규모와 형태에 따른 분류보다는 주요영업대상자와 대상지에 따른 분류는 법적으로도 제시되어 있으므로 여기에서는 관광진흥법상의 분류를 통하여, 여행업의 종류를 일반여행업, 국외여행업, 국내여행업으로 분류되는 형태와 대상별 분류기준을 통한 여행업의 분류를 제시하고자 한다.

가. 관광진흥법에 의한 분류

여행업은 사업의 범위와 취급대상에 따라 일반여행업, 국외여행업 및 국내여행업으로 분류된다(「관광진흥법」 제2조1항). 2012년 12월 기준으로 일반여행업 951개, 국외여행업 2,807개, 국내여행업 1,362개, 국내외여행업 3,449인 것으로 나타났다(관광사업체 기초통계조사 2009-2012, 문화체육관광부).

1) 일반여행업

일반여행업은 국내 또는 국외를 여행하는 내국인 및 외국인을 대상으로 하는 여행업을 말한다. 여권 및 사증(査證)을 받는 절차를 대행하는 행위를 포함한다. 따라서 여행객의 여행지 방향에 따라 Inbound Tour, Outbound Tour, Domestic Tour를 모두 취급하게 되며, 각 업체는 이에 따른 업무를 수행할 수 있는 조직구조를 구성하고 있다.

2) 국외여행업

국외를 여행하는 내국인을 대상으로 하는 여행업으로 여권, 비자발급절차의 대행은 물론이며, 국외여행의 알선 및 안내, 해외여행상품의 판매, 항공권 예약 및 판매 등의 업무를 하고 있다. 1989년 해외여행자유와 실시 이후, 국민의 해외여행에 대한 수요가 증가되면서, 국외여행업체의 수가 급격하게 증가하고 있다. 한국관광협회중앙회에 의하면 2014년 12월 기준 등록된 국외여행업체는 8,368개 업체이다.

3) 국내여행업

국내를 여행하는 내국인을 대상으로 하는 여행업으로 국내항공권의 판매와 철도, 고속버스, 선박 등 교통운송 기관의 이용권 판매와 전세버스의 대여 및 알선,

국내호텔 등 숙박기관의 예약과 국내여행상품의 판매와 안내업무를 하는 여행업체를 말한다. 최근 들어 주5일제 실시와 더불어 여가시간의 증대는 사회복지차원에서 국민의 육체 · 건강과 건전한 여가풍토조성을 통하여 건전한 국민관광의 육성이 요구되고 있는 시점이다.

나. 업무내용에 따른 여행업의 분류

1) Inbound

인바운드는 외국인의 국내여행업무를 담당하는 여행업으로서 여행업의 분류상 일반여행업에서만 인바운드 여행업무를 취급할 수 있다.

즉 인바운드 여행업은 외국인을 대상으로 국내여행의 판매, 수배, 안내 등을 담당하게 되며 결국 외국인을 위해 숙박, 식사, 운송, 관광 등의 프로그램에 의해 여행을 상품화하여 판매하는 여행업이다.

2) Outbound

아웃바운드는 내국인 및 국내거주 외국인의 해외여행을 담당하는 여행업으로써 여행업의 분류상 일반여행업, 국외여행업에서 아웃바운드 여행업무를 취급할 수 있다. 아웃바운드 여행업은 해외를 여행하는 내국인을 위해 숙박, 운송, 관광, 안내 및 발권업무 및 기타 대행업무와 관광 등의 프로그램에 의해 여행을 상품화하여 판매하는 여행업이다.

3) Domestic

국내여행업무는 여행업의 분류상 일반여행업과 국내여행업에서 담당하게 된다. 국내여행업은 국내를 여행하는 내국인을 위해 식사, 운송, 관광, 안내 및 국내선 항공권예매, 철도나 고속버스 승차권 예매, 전세버스 알선 등의 여행상품요소를 패키지화하여 판매하는 여행업이다.

4 여행사의 업무내용

여행업의 업무내용은 그 기능과 밀접한 연관성을 지니는데, 시대에 따른 기능의 다변화로 그 업무내용은 상이하게 나타난다. 1990년대 초반까지만 해도 알선과 대리판매 업무가 주류를 이루었지만, 오늘날 관광객의 욕구변화와 사회의 전반적인 환경변화로 인하여 여행업은 보다 새로운 기능과 역할이 요구되고 있는 실정이다.

한편, 여행업 자체의 업태와 종류에 따라 그 기능과 역할이 상이한 만큼 그에 따른 업무내용도 달라지게 되었다. 더욱이 나로 치열해지는 업계의 경쟁과 독자적인 서비스 및 상품개발로 인하여 각 업체에 따라 업무내용에 있어서 다소 차이를 나타내고 있다. 본 교재에서는 여행업이 고유한 기능을 기초로 하여 공통적인 업무내용을 '대리업무', '판매업무', '서비스업무'로 대별하여 살펴보았다.

가. 대리업무

여행사가 관광자를 항공사, 호텔, 교통기관 등과 같은 관광사업체와 연결해주는 기능을 말한다. 관광사업체의 이용을 알선하며 필요한 수속과 절차를 대리하는 업무는 여행업의 가장 고전적이면서도 본질적인 업무이기도 하다. 관광사업체의 입장에서 볼 때 항공권 예약·구매를 일괄적으로 대행해주는 역할을 하게 된다.

나. 판매업무

관광자의 욕구·선호를 파악하여 여행상품을 기획·판매하는 업무가 여기에 속한다. 여행업체의 특성화를 도모하기 위해 독자적인 상품을 개발하고 판매하는 업무는 여행업을 독립된 사업으로 발전시키기 위한 핵심적 기능을 담당하게 된다.

최근 들어 대규모의 인원을 대상으로 하는 대형 패키지여행상품보다는 소그룹의 인원이 참가하는 주문형 패키지상품이 인기를 모으고 있다. 특히 문화와 예술을 주제로 한 테마여행을 비롯하여 교육·교양적 성격을 띤 패키지여행상품이 많이 출시되고 있다.

다. 서비스업무

여행정보 제공 및 여행상품 안내를 위한 각종 상담과 관광지의 안내업무가 포함된다. 인적 서비스의 중요성이 강조되는 대표적 관광기업이라고 할 수 있는 여행업의 경우, 여행상담에 임하는 상담원과 관광안내원의 서비스는 여행상품에 대한 만족도와 재이용에 결정적인 영향을 끼치게 된다. 그리고 인적 서비스의 중요성이 강조됨과 동시에 여행업의 새로운 기능과 역할에 대한 시대적 요청에 따라 서비스 업무내용은 더욱 다양화되고 강화될 것으로 전망된다. 특히 관광인구 증가와 아울러 개인의 여행경험 축적과 인터넷을 통한 다양한 정보공유로 관광자들의 대리 · 판매업무에 대한 의존도가 매우 낮아지고 있다. 따라서 여행업체는 서비스업무의 확대와 강화를 중심으로 한 새로운 독자적 상품개발이 필연적 과제로 대두되고 있다(양위주 · 장희정, 2001).

5 여행업의 조직

가. Inbound

1) 기획 및 상품개발부

외국인 관광객을 위한 상품을 기획 · 개발하는 부서로 상대국 국민을 대상으로 방한 선호관광상품 및 기회 등 시장조사는 물론 계절, 자연조건, 연령별 등을 바탕으로 상품을 기획 · 생산하는 부서이다.

2) 판매부서

여행상품에 대한 해외여행업의 요청에 따라 조건을 변경하면서 상품가격을 정하여 서신, 전화 등으로 부단히 통고하여 상품판매를 전담하는 부서이다.

3) 수배부서

방한하는 외국인 관광객을 위한 숙박, 식사, 교통시설 등을 예약하며 임의관광(option tour)상품인 쇼핑, 골프, 카지노, 나이트클럽, 수렵, 낚시, 스키 등 여행과 관련된 각종 시설업체에 대한 예약을 담당하는 부서이다. 일반적으로 여행상품의 판매전에 수배가 완료되어야 상품판매가 가능하다.

4) 단체부서

판매, 수배가 완료되어 외국관광객이 입국하면 출국할 때까지의 관광안내, 통역, 신변보호, 관광객에 대한 각종 서비스를 제공하는 부서로 관광통역안내원 자격시험에 합격한 사람이 인바운드 여행업계에서 근무할 제1선 부서이다.

5) 관리부서

각 부서의 업무지원 및 회사의 인사관리, 수입관리, 회계관리 및 제반 비품의 조달 등을 담당하는 부서이다.

나. Outbound

1) 기획부서

내국인의 해외여행에 필요한 자료를 수집하고 시장조사 및 신상품의 개발 등을 담당하는 부서이다.

2) 판매부서

해외여행상품을 고객에게 판매하고 관광객의 해외여행시 필요한 서류를 점검하여 여권이나 비자의 대행업무도 담당한다.

3) 수배부서

내국인의 해외여행시 교통시설, 숙박시설, 식사, 관광 등의 예약을 담당하며 항공권의 발권업무도 독립부서가 없을 경우 이 부서에서 담당한다.

4) 첨승부서

Tour Conductor가 해외여행단체에 동행해 현지에서의 행사운영에 필요한 일체의 업무를 담당하며 대고객서비스의 주요부분을 맡고 있으므로 Inbound의 안내원의 역할과 유사한 업무를 담당한다.

5) 영업관리부

교통기관, 숙박시설, 현지여행업자 등 관련된 관광시설업자에 대한 지불을 행하여 Conductor가 현지에서 행한 금전의 지불 및 수납, 정산을 담당한다.

6 관광안내원의 역할

가. Inbound의 가이드

국내를 여행하는 외국인을 대상으로 관광안내를 담당하는 인바운드 가이드는 국민을 대표하는 민간외교관이라는 긍지를 갖고 업무를 수행해야 한다. 따라서 안내원은 성실과 친절한 태도는 물론 복장 및 언행에 대해서도 항상 관심을 게을리 해서는 안된다. 특히 안내방법에 있어서는 짜임새 있고 조리있는 안내법을 몸에 익혀 언제나 자신감을 갖고 안내에 임해야 하며 외국인 관광객의 개성에 따라 안내기술을 달리해야 한다.

일반적으로 통역안내원이 단체의 안내를 담당하게 되면 파일(file)을 잘 숙지하고 수배사항을 철저히 확인하며 Tour Conductor와 제반업무에 대해 협의, 협조하여야 한다. 무엇보다도 유능한 안내원이 되기 위해서는 어학능력 향상과 국내의 관심사항 및 단체성격에 맞는 사전지식 습득에 끊임없이 노력해야 함이 매우 중요하다.

이와 같이 인바운드의 안내원은 우리나라 관광발전에 누구보다도 많은 역할과 사명을 가지고 있으므로 업무수행능력 향상에 끊임없는 노력이 요구된다고 하겠다.

나. Outbound의 Tour Conductor

해외를 여행하는 내국인을 대상으로 관광안내를 담당하는 아웃바운드의 안내원(Tour Conductor, Tour Leader, Escort, 인솔자 등으로 혼용하여 사용되고 있음)은 해외여행시 가변성이 높은 인적 · 자연적 환경에 탄력적 운용과 계획의 수행에 능동적으로 대처해야 한다.

인바운드의 가이드와 마찬가지로 아웃바운드의 T/C는 회사를 대표하는 성격을 띠게 되고 회사의 이미지와 능력을 고객으로부터 평가받는 대상이 된다. 따라서 T/C는 탁월한 언어구사능력과 여행의 관리자능력은 물론 예산집행자로서의 역할을 해야 하므로 단체통솔능력을 배양해야 한다.

또한 T/C는 단체구성원들의 건강상태나 요망사항 등에 항상 관심을 가지고 회사의 대표자로서 현지에서 발생되는 모든 사항을 책임지게 되므로 현지가이드와 여행행사의 실시 전반에 대한 협조, 협의를 게을리해서는 안된다. 뿐만 아니라 고객재생산의 세일즈맨으로서의 역할도 수행해야 된다.

다. 국내여행안내원

국민관광시대에 있어 국내를 여행하는 내국인을 대상으로 관광안내를 담당하는 국내여행안내원은 관광객이 접하게 되는 각 지역의 풍물을 소개 · 안내하는 관광객의 길잡이인 동시에 교육자적 역할을 수행하게 된다. 따라서 국내여행안내원은 각 지역의 풍물, 역사, 지리 등의 제반지식을 습득하여 고객들에게 정보를 제공하고 건전한 관광풍토를 조성하는 사명감과 책임을 가지고 행사를 집행해야 된다.

또한 고객들에게 자사 상품의 조건과 특성을 성실히 이해시켜 상품재생산의 세일즈맨 역할을 겸하기도 한다. 특히 관광지에서의 무질서한 행태나 불건전한 관광을 계도하는 교육자적 역할을 한국 관광발전의 중요한 요소가 된다고 하겠다.

여행전문 가이드가 말하는 '요절복통 여행담' [2001.05.28]

사람을 많이 만나야 하는 직업 중 하나가 바로 여행가이드다. 그래서 여행가이드는 일반인은 도저히 믿지 못할 만큼 다양한 에피소드를 경험한다.

가천대 관광경영학과를 졸업하고 25년 넘게 해외여행 가이드로 활동 중인 김종민씨(51)도 그 중 하나. 현재 영국 런던에서 거주하며 여행사를 경영하고 있는 김씨는 누구에게도 뒤지지 않는 '말발'로 힘든 그룹을 많이 맡았다.

김씨가 직접 겪은 요절복통 여행담을 소개한다.

◆ 비데, 그것이 문제로다

지금은 많이 나아졌지만 불과 15년 전만해도 비데는 한국인에겐 낯선 물건이었다. 하물며 양변기도 낯선 농촌 할아버지 할머니들에겐 오죽했으랴.

몇 년 전 유럽으로 투어를 갔을 때의 일. 할아버지 한 분이 비데에다 '큰 일'을 봤다. 문제는 비데는 '건더기'가 빠지지 않는다는 점.

겁이 덜컥 난 할아버지, 대변을 신문지로 둘둘 싸 베란다로 나섰다. 거리로 던질 심산이었지만 팔을 휘휘 돌리다 대변이 뒤로 휙 빠져 천장에 들러붙고 말았다. 고무신까지 던져봤지만 천장에 붙은 대변은 떨어지지 않았다.

할 수 없이 가이드를 동원해 벨보이를 불렀다. 100달러를 쥐어주며 "저 똥 좀 치워주소"하고 부탁했다. 벨보이의 반응이 압권. 주머니에서 자기돈까지 꺼내 할아버지에게 보태주며 이렇게 부탁했단다. "도대체 어떻게 천장에 똥을 눌 수 있었는지 비결을 알려달라"는 것. 천장의 신발자국과 대변흔적이 빚어낸 오해였던 것이다.

◆ 오페라 하우스 가방사건

IMF가 오기 전만 해도 여행사에서 단체관광객에게 가방을 선물하는 일이 흔했다. 이 가방을 들고 시드니 오페라하우스를 구경하던 할머니들의 일화.

한국 절기로 치면 한겨울이었으나 지구 반대편의 시드니는 한여름. 날은 푹푹 쪘고 전부 치마저고리를 입고 나온 할머니들은 더위를 못참고 하나둘씩 여행가방을 머리 위에 올렸다.

무거운 새참 쟁반도 손 하나 안대고 나르던 할머니들이니 여행가방쯤이야 가뿐했다. 그러나 외국인들에게는 목만 까닥까닥하며 가방을 머리 위에 올리고 돌아다니는 할머니들의 모습이 그저 신기할 뿐. 현지의 사진기자가 이들의 모습을 카메라에 담기까지 했는데, 할머니들은 여유만만 포즈까지 취해줬다고 김씨는 전한다.

7 여행업관련 주요 용어해설

여행업과 관련된 중요한 전문용어들이 많이 등장하고 서비스 공급자로서 뿐만 아니라 고객(수요자)으로서도 알고 있으면 매우 유용할 용어들을 아래에 제시하였으니 참고하기 바란다.

〈A〉

ABC : ABC World Airways Guide의 약자. 항공회사의 정기시간표. 미국에서 매월 발행되고 있다. OAG와 함께 세계에서 널리 사용되고 있다.

Accompanied Baggage : 휴대수하물, 탑승하는 항공기와 함께 운송되는 여객의 수하물을 말한다. 이등실의 경우는 20kg까지, 일등실의 경우는 300kg까지 무료이다.

AD : Agent Discount Fare의 약자. 대리점할인운임.

Adult Fare : 대인여객운임. 항공의 경우만 12세 이상이 되는 자의 운임을 말한다.

Affinity Group : 연류단체. 항공운전상의 용어로 사교단체, 종교단체, 업종단체, 동호회 등과 같이 그 단체의 목적이 여행하는 것 이외의 목적인 단체를 말하며 특별 운임의 적용. 전세기의 허가를 받을 수 있다.

Affinity Group Fare : 연류단체에 대하여 적용되는 저렴한 운임이지만 여행목적지, 단체의 구성인원에 의해서 할인율이 상이하다.

Agent : 대리인, 타인을 대신해서 계약을 하는 자. 관광업체에서는 Travel Agent(여행업자) 또는 IATA의 공인대리점의 의미로 사용된다.

Air-Carrier : 항공운송업자. airline과 동일함

Airport Tax : 공항세. airport embarkation tax, airport service charge 등 나라에 따라서 여러 가지 호칭은 있지만 통상 출국여객으로부터 징수하는 세금. 공항시설의 개선, 유지를 위하여 징수하는 목적세의 성격을 갖는 것이 대부분이지

만, 그 중에는 단지 세수를 올리기 위하여 또는 자국민의 해외여행의 제한을 위하여 고액의 세수를 징수하고 있는 나라도 있다.

Allowance : 허용량. 허용요금. free baggage allowance(무료 수하물 취급 허용중량)라든가 travel allowance(여행용 외화할당금액) 등으로 사용된다.

ASTA : American Society of Travel Agents의 약자. 미국여행업자협회. 미국주체의 여행업자 단체인데, 세계적으로 유명하며 세력을 가지고 있다. 전회원수는 약 1만명 정도이다.

〈B〉

Back to Back Charter : 왕복을 연속하며 임대하는 항공편을 말함.

Baggage Check : 승객이 맡긴 화물의 운송에 대해서 규정하고 있는 티켓으로 항공회사가 발행하는 티켓의 일부.

Baggage Tag : 수하물 꼬리표.

Beyond Right : 이원권. 항공협상상 교섭상대국에서 다시 또 제3국까지 운항하는 권리를 말한다.

Block : 호텔의 객실, 항공기의 좌석 등 일구획을 한꺼번에 예약하는 것을 블록예약이라 한다.

Bonus Mileage : mileage 계산상의 용어로 일정지역을 경유하는 여정의 경우, 합계구간마일에다가 보너스 마일을 더 합산해서 운임계산을 할 수 있다. extra mileage, excess mileage라고도 한다.

Booking : 항공기 좌석, 호텔의 객실을 예약하는 것을 말한다.

Budget Tour : 통상요금보다 싼 여행.

〈C〉

Cancel : 예약의 취소.

Cancellation Charge : 예약취소료.

Cargo : 화물. aircargo하면 항공화물.

Certificate of Appointment : IATA가맹 항공회사 IATA승인대리점에 대해서 그 승객(화물) 취급대리점으로 지정하였을 때에 발행하는 증서.

Charter : 전세. 전세형식으로 affinity charter, own-use charter, IT charter의 3종이 있으며, 구주에서는 여행업자가 부정기항공회사(또는 임대항공회사)의 항공기를 임대해서 IT(포괄여행)을 공모해서 실시하는 3번째의 IT Charter가 번창하고 있지만, IATA에서는 앞서 2개의 charter만을 인정하여 그것도 charter로 될 수 있는 여건을 상세히 규정하고 있다.

Check-in : 항공권 발급 또는 호텔의 숙박수속.

CIQ : Customs(세관), Immigration(출입국관리), Quarantine(검역)의 약자로 출입국수속, 출입국관계, 감독관청을 의미한다.

City Excursion : 시내관광을 의미하며 excursion은 숙박을 하지 않는 관광이므로 tour와 구분된다.

City Tag : 화물을 맡겼을 때의 짐표. 이 밖에도 Check, claim check 등도 사용된다.

Commission : 수수료.

Conducted Tour : 선불로 수배가 된 단체여행으로 출발에서 도착까지 tour leader가 함께 숙박하며 안내를 행하는 것. escorted tour라고도 말함.

Conductor : 단체여행의 인솔자를 말함. 여행업자에 따라서는 다른 명칭을 사용하는 일도 많다.

Courier : 직업적인 여행컨덕터, 전에 쓰던 말로는 tour conductor, tour escort 등이 일반적이다.

Credit Sales : 신용판매. 항공권의 신용판매는 3종이 있는데 UATP의 air travel

card, 각 항공회사가 시중은행과 제휴하고 있는 PLP제도, 그 외에 기존 신용판매회사의 카드로 항공회사가 인정하고 있다.

Customs Inspection : 세관검사.

〈D〉

Destination : 목적지. 여행목적, 관광지.

Direct Transit Area : 직행통과 구역. ICAO의 제9부속부서의 정의에 의하여 체약국을 통과할 때에 잠시 내려서 쉬는 여객을 수용하기 위하여 국제공항에 접해서 설정되어 관계당국이 승인하고 직접 감독하는 특별구역.

Discounted Fare : 할인운임, 정상운임을 기준으로 해서 할인되는 운임이다. IN90(infant, 90% 할인), CH33(child, 33% 할인), CG50 또는 CG100(tour conductor, 50% 할인 또는 100% 할인), SG25(seaman, 25%할인)

Duty-Free Shop : 면세점.

〈E〉

Economy Class : 이등실. 항공 및 선박 등급의 하나로 1등실보다 한 등급 낮다. 항공운임에는 1952년 4월에 도입되었다. 약자는 Y. 요즘 유럽에서는 Traveller's Class라는 말을 대신 사용하기도 한다.

E/D Card : Embarkation/Disembarkation Card의 약자. 출입국카드. 정부가 출입국 승객을 관리하기 위하여 승객에게 기입제출을 요구하고 있는 서류. ICAO는 표준 기재사항을 정하고 있지만, 나라에 따라서 그 크기, 기재사항, 형식이 다르며 승객으로서는 극히 번거로운 제도이므로 폐지가 요청되고 있지만, 단지 출입국관리만을 위한 것이 아니고 각국에서 통계의 수집상 필요로 하고 있으므로 폐지하고 있는 나라가 적다.

Endorsement : 배서, 확인. 항공권의 배서란 어떤 탑승예정구간에 대해서 티켓상의 예정 항공기를 승객본인의 의사 또는 그 항공사의 사정에 의해서 타 항공사로 변경할 때에 그 예정항공사가 행하는 배서이다. 이 배서는 대리점에서는 할 수 없으며 항공사의 사무실에서만 가능하다.

Entry Visa : 입국사증. 통상은 단지 비자라고 하고 있지만, 출국비자의 취득을 필요로 하는 나라도 있으므로 그것을 구분하기 위하여 사용된다.

ETA : Estimated Time of Arrival의 약자. 도착예정시간.

ETD : Estimated Time of Departure의 약자. 출발예정시간.

Excess : Excess Weight Baggage의 약자. 무료수하물 허용량을 초과한 수하물의 의미로 사용되는 일도 있다.

〈F〉

Familiarization Tour : 시찰초청여행. 일반적으로 팸투어(Fam Tour)라고 칭한다. 관광기관, 항공사 등이 여행업자, 보도관계자 등을 초청해서 루트, 관광지, 관광시설, 관광대상 등을 시찰시키는 여행.

Final Itinerary : 확정여행일정표, 여행자의 여행일정으로 출발일시, 비행편명 등 최종적으로 결정된 일정표.

First Class : 일등석. 항공운임등급의 하나로 약어는 F.

FIT : Foreign Independent(Individual) Tour의 약자. 에스코트가 없는 IT의 해외여행.

Flat Rate : 균일요금, 단체가 호텔에 숙박하는 경우. 요금이 다른 객실을 사용하는 일도 있지만 그것을 균일화한 특별요금.

Flight Coupon : 탑승용항공권의 일부로 운송이 행해지는 지명이 명기되는 것.

Follow-up : 재확인, 후속조치

Forwarding Address : 우편의 회송주소.

Freedom of the Air : 하늘의 자유로 국제항공운송협정에는 다음과 같은 5가지의 자유를 규정하고 있다.

1. 체약국 영공을 무착륙으로 항공할 권리.
2. 기술적인 이유에 의해서 착륙하는 권리
3. 자국에서 타국의 화객을 상업운송하는 권리.
4. 체약국에서 자국에 상업운송을 행하는 권리.
5. 제3국간 상업운송의 권리.

〈G〉

Gate Pass : 탑승권.

Guide : 안내원이라는 뜻으로 사용.

Ground Arrangements : 지상수배여행업자 등이 행하는 여행수배 행위 중에서 육상의 호텔, 교통기관 등의 수배.

〈H〉

High Capacity Aircraft : 최근 등장하고 있는 점보기 등 대형수요능력을 가지고 있는 항공기.

〈I〉

IATA : International Air Transport Association 의 약자. 국제항공운송협회. 세계의 국제선정기항공회사의 협회. 가맹 항공회사는 현재 107사로 세계전체의 약 85%이다. IATA의 목적은 운임의 문제를 비롯하여 운항기술, 법률, 재무, 의학 등 민간항공기술에 관한 모든 문제에 대한 활동을 통하여 민간항공의 건전한 발달을 촉진하는데 있다. 운임문제, 대리점 문제를 심의하는 회의는 traffic conference라고 하며 업계로서는 지극히 중요한 회의이다. 사무국은 몬트리

올과 제네바에 있다.

ICT : Inclusive Conducted Tour의 약자. 안내원이 인솔하는 포괄여행가이드 또는 에스코트가 여행의 전 여정에 따라다니며 여행객의 안내. 기타 필요한 서비스를 제공하는 포괄여행.

Immigration : 출입국관리를 담당하는 정부기관의 의미로 사용한다. 이민업무 포함.

Inbound : 업계에서 인바운드라고 하는 뜻은 외국인의 국내여행을 의미한다. 반대로 한국인의 해외여행을 맡아보는 일은 Outbound라고 한다.

Inclusive Independent Tour : 안내원이 전여정을 따라다니며 서비스를 제공하는 ICT. IET와 다르며 안내원이 없는 포괄여행이라고 해야 할 여행으로 교통기관에 의한 이동중에는 안내원이 따르지 않고 여행목적지에 도착하면 현지가이드에 의해서 서비스를 제공받는 포괄여행.

Inclusive Tour : 포괄여행. 약어로는 IT라고도 함. 여행에 필요한 교통, 숙박, 팁, 관광 등 일체의 비용을 포함하는 요금으로 판매하고 있는 여행. 이러한 의미에서는 패키지투어와 같지만, 보통의 경우는 IT운임을 적용해서 조직하는 항공여행으로서 여정은 왕복여행이나 순환여행으로 항공회사의 승인을 필요로 하는 외에 팜플렛의 작성, 기타 IT운임 적용상의 필요요건이 정해져 있다. IT에 대한 대리점 수수료는 보통 지급되는 7%이외에 3%의 추가수수료가 지급된다. 또 참가 여행객수는 관계가 없지만 그 수가 일정인원수가 되면 안내원의 할인이 적용된다.

Infant Fare : 유아요금. IATA 항공운임적용상에는 2세미만의 자에 해당하는 요금을 말한다.

International Date Line : 국제 날짜변경선.

Involuntary Rerouting : 여행객측의 사정에 기인하지 않고 항공회사측의 사정에 의한 운송변경으로 미사용항공권, 탑승용 쿠폰, 항공인환증에 기재된 경로, 항공회사, 등급, 유효기관 등을 변경하는 것을 말한다. 이 경우 추가운임, 기타의 제경비는 일정한도내에서 해당항공사가 부담할 수 있다.

〈J〉

JALPAK : 일본항공(JAL)을 이용하는 패키지투어로 JCT가 기획해서 판매하고 있다.

JNTO : Japan National Tourist Organization 의 약자. 일본 국제관광진흥회. 일본의 공적해외 관광선전담당기관. 법률에 의해서 설립되어 있는 특수법인으로 현재 해외주요도시 15개소에 해외관광 선전사무소를 두고, 관광선전을 행하고 있다.

JTB : Japan Travel Bureau, Inc. 의 약자. 일본교통공사. 세계적인 일본의 여행업계

〈L〉

Land Arrangements : 여행자가 외국의 여행목적지에 도착해서 그 나라를 떠날 때까지 투어오퍼레이터에 의해서 제공되는 모든 서비스를 의미한다. ground arrangement라고도 한다.

Loading Bridge : 탑승장. 공항손님이나 짐을 건물에서 항공기까지 다리를 놓아서 탑승 또는 적재하는 것이 행해지고 있다.

Local Time : 현지시각.

Lost and Found : 분실물 취급소

Luggage : 짐, 수하물. Baggage와 같음

〈M〉

MCO : Miscellaneous Charge Order 의 약자. 항공운임, 초과수하물 요금, IT여행의 지상비, 통행세, 환급액, PTA 등 지급의 수금수단으로 발행된다.

MCT : Minimum Connection Time의 약자. 최소연결소요시간, 국내선에서 국제선으로, 또는 국제선에서 국내선으로 탑승편으로 갈아타는데 요하는 최저시간을 말한다. 각 공항에서의 MCT는 ABC나 OAG에 표시되어 있다.

MM : Maximum Mileage의 약자. 운임계산에 있어서 마일리지 시스템에서 나오는 개념으로 두 지점내의 최단운항거리에 20%를 더한 합계거리를 말함.

〈N〉

No-Show : 예약확인을 받고 항공권도 구입한 승객이 사전에 연락도 없이 탑승편에 나타나지 않는 것.

〈O〉

OAG : Offical Airline Guide의 약자. 미국에서 매월 발행하는 정기항공시간표.

Open Ticket : 탑승구간만 정해져 있을 뿐이고, 항공기, 항공편, 일시 등의 예약이 이루어지지 않은 상태의 티켓.

Optional Tour : 임의관광으로서 미리 정하지 않고 필요에 따라 현지에서 정하는 관광.

Organizer : group organizer를 말함. 사전에 금액지급이 끝나고 팜플렛 등으로 선전되고, 숙박, 지상교통기관 등이 수배되어 있어 IATA가맹항공회사를 이용하며, 단체의 왕복 또는 순환관광을 기획조직하는 개인을 말한다.

Overbooking : 100% 예약이 되었음에도 불구하고 예약취소를 예상하여 그 이상의 예약을 받는 것 즉 초과예약.

〈P〉

Package Tour : 패키지여행. Inclusive Tour 와 거의 유사함.

Pay Toilet : 유료화장실.

PAX : 업계에서 승객(passenger)의 약자로서 사용되고 있다.

Plant Tour : 산업시찰관광.

Post-Convention Tour : 회의 후 여행. 회의의 주최자 등이 미리 계획을 세워놓고 하는 관광.

Principal : 대리인 여행업자가 대행하는 철도회사, 항공회사, 선박회사, 호텔, 버스회사 등을 의미한다.

PTA : Prepaid Ticket Advice의 약자. 어떤 지점에 있는 사람이 타지점에 있는 사람을 위해서 미리요금을 지급하고 항공권을 발행하도록 의뢰하는 것을 텔레타이프, 전보나 편지로 통고하는 것을 "PTA를 친다"고 한다.

〈R〉

Reconfirmation : 좌석예약의 재확인.

Refund : 환급금(Tax Refund: 세금 환급금).

Reservation Status : 예약상황. 좌석예약의 신청에 대해서 항공사로부터 받는 예약을 말함. 종류로서는 예약이 확인된 것(OK), 좌석을 요청중으로 결과를 알 수 없을 때는 만원으로 대기자 리스트에 성명을 기입하고 좌석이 나는 것을 기다리고 있는 것(RQ), 편명, 시간에 대해서 예약이 되지 있지 않은 것(Open)이 있다.

RQ : Request를 말함. 항공권의 예약을 신청하고 기다리는 예약상황.

〈S〉

Shore Excursion : 기항지 상륙여행, 선박의 승객, 승무원이 선박이 기항하고 있는 항구에서 잠시 상륙하여 관광하는 것을 말하며 일반적으로 사증을 필요로 하지 않고 선박 등의 장이 일괄해서 shore pass의 교부로 신청한다. 한국에서는 72시간 이내.

Shore Pass : 기항지 상륙허가증.

SIT : Special Interest Tour의 약자. 주제관광. 관광객이 관심을 가질만한 특별한 주제를 갖는 여행.

Split Charter : 분할전세. 전세항공기를 2개의 단체에서 사용하는 것.

〈T〉

Ticketing Time Limit : Checking 시간제한 EH는 항공권 구입제한, 좌석예약관계로 항공권을 구입하지 않으면 안되는 시간을 말함. 출발예정시간의 72시간 전까지 또는 좌석확인 후 48시간 이내의 어느 쪽이든 늦은 쪽의 시간까지 항공권을 구입하기로 되어 있다.

TIM : Travel Information Maunal의 약자. 각국의 출입국수속에 관한 규칙을 모아놓은 것.

Tour Conductor : IATA에서는 10인 이상의 단체의 인솔자를 말함. 그와 같은 단체의 인솔책임자를 에스코트라 한다.

Tour Operator : 여행상품을 기획하고 촉진하는 사람 또는 회사를 말한다.

Transit Visa : 통과사증.

〈U〉

Unaccompanied Baggage : 특송화물.

USTS : United States Travel Service의 약자. 미국상무성관광국.

〈V〉

Validate : 여객항공권. MCO, XO 또는 초과수화물 티켓 등이 정식으로 항공회사에 의해서 발행된 것을 나타내기 위해서 이런 증표에 손으로 쓰거나 압인하는 것을 말한다.

Vaccination Certificate : 예방접종증명서.

03 Chapter

항공사

제 3 장 항공사

1 항공업의 개념 및 구성여부

가. 항공업의 정의

항공 운송이란 항공기를 사용하여 여객과 화물 및 우편물을 싣고 항로를 이용하여 국내·외 공항에서 다음 목적지 공항까지 운송을 하는 현대식 운송시스템을 말한다. 항공업의 주요 기능은 여행객의 탑승과 화물의 운송에 있다. 그러나 이 개념은 단순한 운송의 의미로 제한되어서는 안되며 쾌적함, 고속성 그리고 안정성 등이 잘 고려되어야 한다.

나. 항공운송업의 구성요소

항공 운송업을 설명하기 위해서는 기본적으로 3가지 요소가 요구된다. 첫 번째, 항공기, 두 번째, 공항 및 터미널, 세 번째 항공노선이다.

1) 항공기

항공기는 항공 운송을 운영하는 시스템의 구성요소 중 하나이다. 항공기는 안전성, 속도, 승객의 적재력과 쾌적성, 항공기의 정비 및 부품 조달의 용이성이 확보되어야 한다. 또한, 올바른 항공기의 선정과 이에 따르는 항공기 수명이 항공사업 발전의 중요한 요소라 하겠다. 항공기에 대한 자세한 내용은 본 장 4절을 참조하기 바란다.

2) 공항

공항은 항공기의 도착. 출발 및 지상이동을 목적으로 설치된 육상 또는 수상의 비행장으로서 공적으로 사용하는 일정구역을 의미한다. 공항은 항공교통과 육상교통을 연결하는 중요한 요소들 중 하나이며 출입국승객의 편의를 위해 접근이 용이해야 한다. 공항은 항공사. 공항공단 등으로 복합적으로 구성, 운영되는 곳으로 고려되어야 할 항공 주요 시스템의 핵심요소 중 하나이다.

3) 항공노선

항공사의 입장에서 항공노선의 개설과 확보는 매우 중요하다고 할 수 있다. 왜냐하면 항공노선의 수나 편의성 정도에 따라서 항공사의 지위, 발전, 수익확보의 가능성을 높일 수 있는지의 여부가 결정되기 때문이다. 이는 특정 시장에서의 점유율을 논할 때 평가하는 척도가 되기도 한다.

2 세계 항공 교통의 발달

가. 항공운송사업의 태동기

1) 1920년대 이전

1903년 미국의 라이트 형제의 비행실험의 성공은 인류 문명에게 막대한 영향을 미치는 항공 운송이 시작되었음을 알리는 계기가 되었다. 그러나 실제로 항공 운송이 교통수단으로 사용되기 시작한 것은 제1차 세계대전이 끝난 직후이다. 제1차 세계대전 기간 동안에 연합군 측과 독일군 측의 경쟁적인 항공기 설계와 생산의 계량에 힘쓴 결과 항공 산업은 괄목할 만한 발전을 이루게 되었다. 특히 전쟁으로 인한 유럽의 육상교통이 심한 손상을 입게 되었고 이로 인해 항공 운송에 대한 국가간 경쟁의식이 강하게 나타나게 되었다. 그 후 1919년 영국의 핸드레이 페이지 회사가 런던-파리 간 최초의 정기항공운송을 개시하여 본격적인 항공운송업의 막이 열리게 되었다. 게다가 국제항공운송협회(IATA)의 설립은 국제 민간항공운송업의 질서를 위한 방향설정을, 파리국제항공조약은 영공주권주의를 확립하는 계기를 만들어 주었다.

2) 1920년대

1920년대는 항공여객운송의 태동기라고 할 수 있다. 유럽에서는 프랑스, 독일, 네덜란드, 영국, 스위스가 선봉이 되어 여객운송을 위한 항공사 설립을 서둘렀고 콜롬비아, 호주, 뉴질랜드 등도 여객운송서비스를 시작하였다. 1922년에는 일본, 아르헨티나, 캐나다, 폴란드 등이 정기 항공운송 서비스를 제공하기 시작하였다. 이 외에 오스트리아, 핀란드 등의 국가들도 항공여객운송서비스를 제공했으나 경제적 이윤을 얻는 데는 실패했다. 1926년까지 항공운송은 괄목할 만한 양적 성장을 달성하였다. 독일, 영국, 스웨덴, 노르웨이, 덴마크, 스위스, 프랑스 항공사들은 각기 연간 천만 킬로미터의 비행과 10만 명 이상의 여객수송 실적을 이룩하였다.

1926년에 설립된 팬암 항공사(Pan American World Airway)는 수상 비행기(Seaplane)에 의한 국제정기항공 운송 업무를 개시하였고 1927년도에 린드버그의 대서양 횡단 비행은 대중들로 하여금 항공여행에 신뢰감을 불어 넣어 주었다. 1928년에는 인도네시아와 불가리아에서 항공여객운송이 시작되었으며, 다음해에는 칠레. 쿠바. 남아프리카연합. 베네주엘라 등에서 항공사가 설립되어 서비스를 개시하게 되었다.

3) 1930년대

1930년대에 들어서면서 항공기 제조기술의 발달로 새로운 항공기의 출현이 가능하게 되었다. 대표적인 예로 1933년 보잉사는 그 때까지 사용되어진 3발기들에 비해 과히 획기적이라 할 수 있는 B-247 항공기를 선보였다. 최초의 현대적 항공기 B-247의 출현으로 인해 순항속도와 수송 능력 면에서 획기적인 개선이 이루어졌다. 1930년대에는 미국의 주요여객 수송항공사들이 설립되는 시기이기도 했다.

표 3-1 1930년대 주요사건

년도	주요사건
1926	팬암 항공 설립
1927	노스웨스트 항공 설립
1930	트랜스 월드 항공 설립. 한국. 중국 등에서 최초의 항공여객운송이 시작
1931	온두라스, 로데지아, 태국, 베트남 등에서 항공사 설립
1932	이집트에서 최초의 상업항공 서비스 도입
1933	인도에서 최초로 퍼스트 클래스항공 서비스 제공
1934	아메리칸 항공설립, 유나이티드 항공, 과테말라에서 상업항공 서비스 개시
1936	에이레, 필리핀, 우루과이 등에서 최초 항공여객운송 시작
1937	아이슬랜드, 모잠비크, 사우디아라비아 등에서 최초의 항공여객운송이 시작

* 참고 : 편리상 1926년과1927년을 도표에 포함시킴.

1920년대부터 1930년대까지의 20년간은 항공운송분야의 태동기로서 세계 각국에 상업항공운송이 시작되었을 뿐만 아니라 공항의 건설, 항로의 개발, 항공보안시설의 개선을 통해 커다란 진보를 이루게 된 시기였다. 이 시기에는 일반항공도 민항의 발전에 일조하였다. 1920년대 사람들은 대양횡단에, 1930년대에는 세계일주라는 큰 스케일의 비행에 관심을 갖게 되었다. 이 시기에 와일리 포스트는 단발기인 위니 마에로 세계 단독 비행을 8일 만에 성공시키는 쾌거를 이루기도 하였다.

그러나 항공사들은 항공운항에 따른 경제적 손실로 말미암아 이익창출은 물론 투자에 있어서도 실패를 경험하게 되었다. 이러한 결과로 인해 미국에서는 상업항공 운송항로의 안정적 개발과 운영에 대한 책임을 CAA(Civil Aeronautics Authority)가 맡도록 하는 시스템을 도입하였으며 CAB(Civil Aeronautics Board)도 설립되어 항공 산업이 건전하게 성장할 수 있는 기반이 마련되었다.

나. 항공운송사업의 발전기

1) 1940년대

제2차 세계대전은 항공기술 발전에 커다란 자극제가 되었다. 군수물자 수송과 더불어 항공화물의 급증, 항공여객의 배가 등으로 항공운송의 필요성은 더욱 절실하게 되었다. 이러한 수요의 증대는 필연적으로 항공 산업의 조직개편과 확장을 불가피하게 했다. 기술적 측면에서도 제트엔진의 도입으로 급속한 발전을 이룩하게 되었다. 제트엔진의 기본개념은 휘틀(Whittle)과 오하인(Ohain)에 의해 1930년부터 개별적으로 개발되었는데 1939년 독일의 헹켈-178과 영국의 글로스터-28/29는 바로 이 제트 엔진으로 추진력을 이용한 최초의 항공기였다. 전쟁으로 인해 민간항공사의 정기 운항은 감축 또는 중단되었으나 반대로 전쟁은 무선 통신 분야, 항공보안 시설, 계기비행, 공항시설 등에는 커다란 발전을 이끌어내기도 했다. 전쟁은 항공산업에 다음과 같은 다섯까지 변화를 야기 시켰다.

① 대형, 고속, 장거리 상업용 항공기의 발달
② 국제항공운송업에 대한 정치적 태도의 변화
③ 미국 항공사의 확장
④ 대규모적인 공항개발
⑤ 국영항공사의 확장과 신생독립국의 국영항공사 설립

위에서 언급한 것과 같이, 전쟁 전 유럽에 비해 뒤떨어져 있던 미국항공사들은 전쟁으로 인해 축척된 항공기술을 토대로 하여 본격적인 성장기를 구가하게 되었다. 이는 특히 연방차원의 지원에 힘입어 더욱 탄력을 받게 되었는데 세계적인 신공항의 건설투자가 활성화되기도 하였고 5억 달러의 자금이 공항 시스템 개선에 투자되기도 하였다. 그러나 전쟁 직후 대형항공기를 구입한 항공사들은 높은 운영비를 상쇄할 수 있는 충분한 수입을 얻지를 못해 큰 경제적 손실을 보았고 정부보조가 이루어지기도 하였다.

2) 1950년대

1950년대에는 신규항공사의 설립과 함께 항공기 성능 개량도 지속적으로 이루어진 항공 산업의 활성화시기로 볼 수 있다. 이때에는 특히 신생독립국에서의 항공사 설립이 활발히 이루어졌는데 1948년에 이스라엘 항공사가 설립되었고, 1950년에는 가루다 인도네시아 항공사가 설립되었다. 1950년 후반에는 아프가니스탄, 캄보디아, 예멘, 리비아, 네팔 등에서도 항공운송업을 목적으로 하는 항공사가 설립되었으며 1950년대 말까지 전 세계 주요국들은 자국기에 의한 항공 운수업을 수행하게 되었다.

1952년 British Airway의 전신인 BOAC(British Overseas Airways Corporation)는 터보제트 항공기를 최초로 런던-요하네스버그 노선에 투입하였다가 1954년에 두 건의 사고로 인해 동일 기종이 철수되기도 하였다. 1958년 미국이 제트 항공기를 민간 항공기에 도입하여 보잉사의 B-707 제트 여객기가 북대서양 상공을 비행하기 시작했다. 2년 후 더글라스사가 월등히 우수한 탑승용량(170명)과 운영상의 이점을 가진 DC-8을 개발하여 본격적인 제트여행의 시대를 연 주역이 되었다. 하지만 항공기 사고방지와 지연 문제를 해결하지 못하였는데 이것이 자극이 되어 미국은 항공시스템의 안전과 효율적 운영을 위해 1938년 연방항공법(Federal Aviation Act)을 제정하여 국회를 통과시켰다. 이 법에 따라 민간 및 군 항공에 관한 모든 상황을 통제하는 전문 기구인 연방 항공협회(Federal Aviation Agency)가 설립이 되었다.

3) 1960년대

1960년은 본격적인 제트 항공기 시대로 접어드는 시기로 볼 수 있다. 1958년에 취항한 제트기의 수는 단지 15대 불과했지만 1961년에 그 수는 급격히 증가하여 413대에 이르렀다. 1960년대는 항공 산업에 있어서 두 가지 주요 특징을 보였다. 첫 번째로, 중, 장거리용 제트항공기가 유럽 등지에서 개발되기 시작하고 기업체에서도 회사 업무를 위한 항공기를 도입하여 항공기 개발은 더욱 탄력을 받게 되었다. 두 번째로는 B-707 이나 DC-8과 같은 항공기가 대량수송 능력을 갖춤으로서 항공 산업이 급속한 발전을 이루었다. 항공기 제작사들은 초음속 항공기의 제작 가능성을 제기하였다. 1962년 프랑스와 영국은 순항속도 마하 2.2의 성능을 갖는 콩코드기의 공동개발 협정을 맺었는데 비상한 관심과 개발의 의지를 보였던 미국은 정치적, 경제적, 사회 환경적 이유로 포기할 수밖에 없었다. 그러나 제트기의 도입은 항공관계자와 주민에게 다음의 두 가지 문제를 야기하기도 하였다. 첫째로, 활주로의 길이, 유도로의 폭, 연료 저장능력 등 기존의 시설이 제트 항공기에 부적합하였다. 둘째로, 제트기가 만들어 내는 소음이 심해서 공항 주변 거주자들로부터 많은 불평과 소송을 감당하여야 했다.

4) 1970년대

1970년대의 항공 산업은 주목할 만한 변화와 발전을 이루는 동시에 시련과 역경의 발전기라 하겠다. 먼저 항공 산업에 있어서 대용량의 대형 기체 항공기가 투입되었다. 1970년 팬암 항공사에 의해 B-747(400-500명 탑승용량)이 투입되어 대량인력 수송의 가능성이 열리게 되었는데 특히 보잉사는 New B-Boeing 747을, 더글라스사는 DC-10을, 록히드사는 L-1011등의 대형 기체항공기를 선보이기도 하였다. 한편 1973년 유럽에서는 A-300 에어버스를 선 보였다. 1976년에는 2,300km의 속도와 125명의 탑승용량을 자랑하는 초음속 제트기인 콩코드가 런던-바레인간 노선에 투입되었으나 소음에 대한 규제와 경제성의 부족 등으로 항공사들이 기피하여 대량 보급에 실패하였다. 1970년대 중반부터 미국의 항공사들은 각종 규제 완화를 요구했으며 이로 인해 항로확장과 요금인상이 자유롭게 조정되어 과도한 경쟁과 공급과잉의 부작용이 생겨났다. 이로 인해 항공사들의 이윤획득이라는 것은 사실상 힘든 상황이었다.

다. 항공운송사업의 성숙기

1) 1980년대 이후

이 시기에는 경제적 이윤창출과 동시에 엔진 향상을 통한 효율성을 얻기 위해 항공기 개발이 활성화되었는데 대표적인 예로 B-757, B-767과 같은 항공기를 들 수 있다. 특히 1980년대 항공 수요의 급증으로 항공사들은 항공기 확보에 나섰고 소수의 거대 항공사가 세계항공 시장 점유율을 점차적으로 넓혀가고 있다. 신규 진출한 항공사들은 낮은 운영비와 요금 정책으로 기존의 항공사와 경쟁하게 되었고 이런 과정에서 많은 항공사들이 도산, 합병되는 시련이 있기도 했다. 항공사들은 치열한 자본시장 경쟁 하에서 항공사들 간의 합병, 제휴를 통해 경쟁력과 시장 점유율을 확보를 위해 노력하고 있다. 한편, 항공기의 급증으로 인해 공항의 시설과 항공관제시설의 확충이 요구되고 있는 실정이다. 최근 부각되고 있는 이슈인 항공자유화협정, 전략적 제휴, 항공테러, 국제항공협정의 강화에 대한 내용은 3절 국제동향에서 자세하게 설명하기로 한다.

라. 한국항공사업의 발달과 국제항공운송산업의 발전

한국의 항공의 역사는 세계항공 역사에 비해 역사적으로 약간 뒤떨어져 있었다. 그러나 지난 1951년 10월 당시 국영항공사였던 대한항공공사의 전세기가 서울-도쿄간 첫 국제선 운항을 시작한 이래 우리나라의 항공운송산업은 비약적인 발전을 하였다. 1969년 3월 대한항공공사의 민영화조치 이후 이전에 근거리 국제선 운항에 국한하던 항공운송산업은 1980년대 중반까지 지속적으로 성장하여 도약의 기반을 구축하였다. 또한, 대내외적인 항공규제 완화 및 경쟁촉진의 필요성에 따라

1988년 2월 아시아나항공의 설립을 면허하여 복수항공사체제를 발족시킴으로서 본격적인 발전의 계기를 마련하였다(〈표 3-2〉 참조).

❙ 표 3-2 ❙ 한국 항공 교통의 발전

연도	특징	설명
1913	비행기의 최초 등장	일본군 기술 장교 '나라하라'의 공개 비행 행사
1922	최초의 비행사 안창남	뉴포트 15형 단발쌍엽 1인승 비행기 '금강호'로 여의도 간이 비행장 이륙, 남산을 돌아 창덕궁 상공을 걸쳐 비행
1925	한국 최초의 여류비행사 탄생	권기옥 중국 운남 여학교 1기생으로 졸업, 비행사 자격을 취득
1926	최초의 민간 항공 등장	비행사 이기옥 서울에 경성 항공 사업사를 설립
1948	해방 후 최초의 민간 항공 설립	신용욱 대한국민항공사(Korea National Airline)를 설립, 국내선 면허를 취득
1953	국제노선 취항	처음으로 동남아 국제노선 취항
1960	국제 정기노선 취항 목표	한진 상사가 한국항공을 설립
1962	대한항공 공사설립	누적적자와 재정난으로 1969년 한신 그룹에 인수
1969	대한항공 출범	국영 대한항공공사에서 민영 (주)대한항공 출범
1988	제2 민항 출발	서울 항공으로 출발한 금호그룹이 아시아나 항공으로 개명
1991	경비행기 시험비행	5인승 국산 경비행기 시험비행 성공
		한·미간 항공자유화 협정을 체결
2001	인천공항설립	인천공항의 설립(동북아허브 공항역할을 감당)

❙ 표 3-3 ❙ 국가별 국제선 운송실적 순위

순위	국가	여 객 (백만인-km)	화 물 (백만톤-km)
		운송실적	운송실적
1	미국	1,299,874	39,149
2	중국	400,610	17,194
3	독일	202,047	8,906
4	아랍에미리트	186,821	9,666
5	영국	229,649	6,108
6	한국	91,759	12,648

순위	국가	여 객 (백만인-km)	화 물 (백만톤-km)
		운송실적	운송실적
7	일본	138,079	8,303
8	프랑스	154,761	5,343
9	싱가포르	87,674	7,088
10	네덜란드	87,696	5,004

자료출처 : 2011년 ICAO Annual Report.

1990년 IMF의 외환위기를 겪으면서도 국제여객 8.2%, 국제화물 9.3%라는 높은 성장을 기록하였다. 그러나 2000년대에는 중앙고속도로 등 고속도로의 확충과 고속철도의 개통으로 인해 국내항공이 마이너스 성장을 거듭하기 시작하였고, 국제여객 및 화물도 6%대로 성장률이 점차 낮아지게 되었다(홍석진, 2007). 또한 2000년대에 들어서면서 9.11테러사태, 항공 유가폭등, 신종플루 확산 등의 연이은 악재로 기존 항공사들이 파산하면서, 저가항공사는 낮은 비용 구조로 미국, 유럽은 물론 중국, 동남아 등에서 확장을 보여 왔다(박선주, 2013). 그럼에도 불구하고 내국인들의 해외여행 수요는 꾸준히 증가하고 있으며 그에 따라 항공 노선수나 운항 횟수도 증가하고 있는 추세이다(〈표 3-7〉 참조). 국토교통부의 자료에 따르면 2012년 국제여객 K-POP 신한류 열풍으로 인한 한류문화관광, 의료관광, 개별자유여행객(FIT) 증가로 인한 외국인 관광객 수요 증가와 주5일제 수업 전면 시행을 통한 가족여행객 증가, 주요 기업들의 연차 사용 권장으로 인해 내국인 해외여행 수요 증가로 전년대비 11.9% 증가한 4,770만명으로 전년에 이어 역대 최고실적을 갱신하였다. 또한, 국제여객 운송량의 경우 국내 대형항공사는 2,821만 3천명으로 전년대비 7.3% 증가, 저비용항공사는 358만 8천명으로 전년대비 95.6% 증가하였다. 국내 모든 항공사들은 증가세를 보였고, 그 중에서도 이스타항공 및 티웨이항공이 전년대비 높은 성장률을 나타냈다. 2012년 저비용항공사의 국제선 분담률은 전년대비 약 2배 증가한 7.5% 기록하여 저비용항공사 분담률이 매년 증가추세임을 알 수 있다. 국내 첫 저비용항공사인 한성항공은 공격적인 운임정책을 펼쳤지만, 높은 환율과 고유가로 인한 경영상의 어려움으로 2008 10월 운항정지를 하게 되었다. 한성항공은 2009년 법정 관리를 신청해 법정관리 절차에 들어가게 되었고, 2010년 티웨이항공으로 사명을 변경하여 운항을 시작하였고, 2011년 10월 인천-방콕 구간을 시작으로 국제선 취항도 하게 되었다. 현재 국내에서 운항중인 저비용항공사는 2006년 6월 운항을 시작한 제주항공과 2008년 4월 운항을 시작한 진에어, 같은 해 10월에 운항을 시작한 에어부산과 2009년 1월에 운항을 시작한 이스타항공으로 총 여섯개의 저비용항공사가 운항을 하고 있다(남궁주리, 2012). 현재 저비용항공사들은 노선, 항공기보유, 종업원 수 등을 통해서 국내항공시장에서 점차 안정적인 위치를 확보해 나가고 있다.

3 국제 동향

가. 항공자유화협정과 전략적 제휴

1978년 규제완화 정책발표 이후 미국은 항공운송산업에의 진입, 운임 및 공급 등을 항공사가 자유로이 결정하도록 하였고 이에 따라 고도의 경쟁력을 갖춘 대형항공사들이 세계항공운송시장을 주도하게 되었다. 미국 항공 산업의 이익을 대변하기 위하여 미국정부는 항공자유화협정을 적극 추진하여 현재까지 57개국과 항공자유화협정을 체결하였다.

미국의 이러한 움직임에 대응하기 위하여 EU는 1997년 4월 역내 항공자유화를 실현하여 회원국간 자유로운 항공사의 설립, 운임 및 공급력의 자유로운 설정 등을 허용하고 있다. 일본, 대만 등도 국제항공운송시장에 타 항공사의 진입을 허용하는 등 규제완화를 통한 경쟁지향적인 항공정책을 추진하고 있다. 뒤늦게 국제항공시장에 뛰어든 중국의 경우, 기존 10개의 국영항공사를 3개의 거대항공사로 통합하는 작업을 2002년 10월 완료하여 항공 산업의 경쟁력을 높이는 한편 지속적인 규제완화를 추진하고 있다. 자유화, 규제완화로 인해 이른바 거대항공사가 등장하여 세계항공운송시장이 재편되었으나 유가 인상 등으로 인한 경영의 어려움으로 거대

항공사간의 전략적 제휴가 보편화되고 있다. 좌석교환, 편명 공유, 공동 마케팅 및 판매 등의 영업협력을 통하여 시장을 장악하고 경쟁력을 높임으로서 궁극적으로 항공사의 영업이익을 제고할 목적으로 세계 유수항공사간 전략적 제휴가 적극 추진되어 1997년 5월 Star Alliance, 1998년 9월 Oneworld, 2000년 6월 Skyteam과 같은 동맹체(alliance)가 결성되었다.

표 3-4 세계 항공사 동맹체 현황(2014년 3월 기준)

	스타 얼라이언스 (Star Alliance)	원월드 (Oneworld)	스카이팀 (Sky Team)
회원사	27사	14사	20사
항공사	아시아나 외 26개	아메리칸 항공 외 13개	대한항공 외 19개
설립시기	1997년 5월	1998년 9월	2000년 6월
취항국가	193개국	155개국	178개국
취항항공	1321개	1010개	1052개
보유항공기	4456기	3428기	3054기
수송객	6억 3800만 명	5억 1300만 명	5억 8800만 명

자료출처 : 스타얼라이언스(http://www.staralliance.com), 원월드(http://www.oneworld.com), 스카이팀(http://www.skyteam.com)

나. 테러와의 전쟁

세계항공운송시장은 2001년 9월 11일 발생한 미 테러로 막대한 타격을 받았다. IATA는 2001년 중 약 100억불의 손실이 발생한 것으로 추정하였다. 2002년에도 테러에 따른 수요 감소 등으로 세계 주요항공사, 특히 미국항공사들은 심한 경영난을 겪고 있으며 결국 유나이티드항공이라는 세계굴지의 항공사가 파산하는 결과를 맞게 된다. 우리나라의 경우, 2001년에는 9.11테러의 영향으로 미주노선의 수요가 급격히 감소하였으나 일본노선, 중국노선 및 동남아노선 등의 꾸준한 성장에 힘입어 비교적 용이하게 위기를 극복할 수가 있었다.

적자누적 미 항공사, 간식도 없앴다

과자 한 봉지 줄여도 200만 달러 절약

고유가와 승객 감소 등으로 인한 적자에 허덕이고 있는 미국 주요 항공사들이 비용 절감을 위해 승객들에게 제공해 온 무료 서비스를 잇달아 축소하고 있다. 아시안월스트리트저널(AWSJ)은 10일 지난해 12월 이후 미국의 주요 항공사 중 일부가 국내선에서 무료로 제공해 온 베개와 잡지를 없앤데 이어 노스웨스트 항공은 9일 그동안 승객들에게 무료로 제공해 온 '프레첼' 과자 서비스를 중단키로 했다고 보도했다.

지난해 전 세계에서 400만 명의 승객을 실어 나른 노스웨스트 항공은 프레첼 한 봉지는 몇 센트에 불과 하지만 이 서비스 중단으로 연간 200만 달러 정도를 절약할 수 있을 것이라고 밝혔다. 또 아메리칸 항공과 유나이티드항공, 알래스카에어라인 등은 일부 공항에서 승객들의 수화물을 옮겨주는 비용으로 여행 가방 하나당 2달러를 받고 있으며 노스웨스트도 이 제도를 도입할 것으로 보인다.

주요항공사들이 이처럼 무료서비스 축소에 나서고 있는 것은 고유가와 운항비용 증가에다 저가 항공사들의 시장침투로 적자폭이 늘어나고 있기 때문이다. 노스웨스트 항공은 2001년부터 지난해까지 누적 적자가 33억 달러에 달했으며 올 1.4분기에도 적자가 5억 달러에 이른 것으로 알려졌다.

그러나 주요항공사들은 비용절감을 위해 무료서비스를 계속 축소하면서도 1등석과 2등석에 대해서는 승객을 유치하기 위한 서비스 확대 경쟁을 벌이고 있다. 항공사들은 1등석과 2등석의 좌석공간을 더욱 확대하고 있으며 지난해 뉴욕-샌프란시스코 '로스앤젤레스 노선에서' 프리미엄서비스(PS)를 시작한 유나이티드항공은 이들 좌석 승객들에게 무선 인터넷 서비스도 제공할 계획이다.

서울= 연합뉴스(2005년 6월 1일자 보도)

다. 국제항공협력 강화

우리나라는 항공수요 증가에 대응하고 전 세계적인 항공 노선망을 구축하기 위하여 그동안 세계 각국과 적극적으로 항공협정의 체결 · 개정을 추진해 왔으며, 이러한 노력의 결과 2004년 3월말 기준 세계 82개국과 항공협정을 체결하였으며, 이 중 32개국에 정기노선 항공기가 운항하고 있다.

표 3-5 항공협정 체결국가 현황

(2004.3월말 기준)

지역	복수제	단수제
아시아 (24개국)	중국, 태국, 일본, 부르나이, 인도, 몽고, 베트남, 말련, 홍콩, 필리핀, 싱가폴, 우즈베키스탄, 마카오, 인도네시아, 파키스탄, 카자흐스탄, 키르기스탄, 네팔, 캄보디아, 아제르바이잔	미얀마, 스리랑카, 몰디브, 방글라데쉬
구주 (26개국)	영국, 체코, 독일, 아이슬랜드, 유고, 루마니아, 몰타, 불가리아, 핀란드, 화란, 러시아, 스웨덴, 덴마크, 노르웨이, 벨기에, 스위스, 우크라이나, 오스트리아, 포르투갈, 룩셈부르크, 폴란드	프랑스, 그리스, 스페인, 헝가리, 이태리
미주 (8개국)	미국, 칠레, 브라질, 아르헨티나, 캐나다, 멕시코, 페루	파나마
아프리카 (10개국)	튀니지, 수단, 남아공, 모로코, 이집트	리베리아, 지부티, 케냐, 가봉, 나이지리아
중동 (11개국)	아랍에미레이트, 바레인, 오만, 이란	사우디아라비아, 쿠웨이트, 터키, 이스라엘, 카타르, 사우디, 요르단, 이라크
대양주 (3개국)	호주, 뉴질랜드, 피지	-
계(82개국)	60개국	22개국

국제선에는 각국의 항공사가 32개 국 92개 도시 136개 노선 주 828회를 운항하고 있으며, 우리나라에 취항중인 외국항공사는 22개국 44개 항공사로서 135개 노선에 주 574회를 운항하고 있다. 아시아나항공의 출범으로 복수항공사 체제가 시작된 1988년 당시의 국적항공사 운항규모인 15개국 24개 도시 39개 노선 주 174회

와 비교해 볼 때, 16년 후인 2004년 국적항공사의 운항규모는 약 4.8배가 증가하여 괄목할 만한 성장을 했음을 알 수 있다. 특히 1970년대 말부터 미국의 주도로 진행되고 있는 항공자유화 동향에 적극 대응하기 위하여 1998년 4월 한 · 미간 항공자유화 협정을 체결하였다. 이로서 40년 이상 지속되어 온 양국간 항공협정상의 불균형이 해소될 수 있었으며, 노선 운용 및 양국 항공사간의 영업협력 등이 정부의 규제 없이 항공사 자율적으로 조절 가능해 짐에 따라 아시아와 미국간 항공수요를 보다 효과적으로 유치할 수 있는 토대를 마련하였다. 또한 중국과의 노선을 크게 확충하고 공급력을 증대함으로서 한 · 중 양국간 인적, 물적 교류의 강화에 크게 기여하였다.

각국 항공사의 경우 1997년 말 8개 노선 주 39회를 한-중 노선에 운항했으나 2011년 기준 85개 노선 주 804회로 증가하여 약 20배에 달하는 성장을 하였다. 또한 한 · 일 노선에 있어 서도 공급력 부족으로 인하여 심각한 좌석난을 겪어왔던 서울-동경 여객노선의 공급력 역시 1997년 말 현재 국적항공사 기준으로 주 35회에 불과하였으나 2004년 말 기준 주 143회로 크게 증대하여 양국간 교류 증진에 많은 기여를 하고 있다. 이로서 우리는 아 · 태지역의 최대 항공시장인 일본, 중국 등을 연결하는 항공 중심지로서의 역할을 담당하는 기반을 획기적으로 구축하였다

4 항공기

관광에 있어서 이동은 매우 중요한 요소이다. 항공기의 발명이 없었다면 국제여행 또는 원거리 여행은 매우 불편하고 따라서 교류 또한 더디게 발생하였을 것이다. 보잉사의 B-747-400, 맥도널더글라스사의 MD-11, 그리고 에어버스사의 A-340은 비행거리를 연장시켰을 뿐만 아니라 300여명 이상의 승객들을 수송할 수 있는 능력을 가지고 있다. 이러한 항공기의 발달로 인해 국제관광은 더욱 불붙기 시작했다. 또한 간과할 수 없는 부분은 1978년 시행된 미국의 항공규제완화법(Airline

Deregulation Act)이다. 항공운수사업에 대한 규제를 완화함으로써 신규노선에 대한 진입(route entry)과 철회(route exit)를 용이하게 하고 항공사가 서비스나 운임을 회사 자율로 결정할 수 있도록 하였다. 따라서 1980년대에는 항공업이 급속도로 발달하고 번창한 시기라고 할 수 있다. 그러나 이러한 현상은 자연적으로 치열한 서비스 및 가격경쟁을 부추겼으며, 항공사의 수익률을 떨어뜨리고 고가의 항공기 구입과 리스에 의한 자본비용지출은 항공사의 비용을 상승시키는 원인이 되었다. 항공사들은 항공기 조달을 위해 엄청난 비용을 지출하고 있으며 이렇게 발생된 비용을 충당하는 것은 항공사로서는 매우 큰 부담이 아닐 수 없다. 따라서 항공사의 어떤 항공기 기종을 얼마만큼 보유하고 있는가는 매우 중요한 문제이며 이는 전략적으로 활용되어야 한다.

가. 항공기의 유형

항공기의 유형은 엔진 유형에 따라 제트 엔진항공기와 프로펠러 비행기로 나뉘며 항공 목적에 따라 단거리용, 중거리용, 장거리용, 특수 목적용 비행기로 나뉜다. 〈표 3-6〉는 항공기의 유형과 항공 목적으로 분류한 내용을 담고 있다. [그림 3-1]은 현재 아시아나 항공에서 사용하고 있는 항공기의 유형과 특징을 설명해 주고 있다.

표 3-6 엔진의 유형과 항공 목적으로 분류한 항공기의 유형

엔진의 유형	제트엔진 항공기	속도는 시속 500마일, 속도와 안락함 제공 장거리와 중거리용 (국내 및 국제용) 프로펠러 항공기 보다 보수관리 용이하며 더 많은 시간 운행, 사용이 확대되어가고 있는 상황
	프로펠러 항공기	낮은 상공에서 비행, 1950년대에 터보 프로펠러 엔진으로 추진되는 항공기들이 상업서비스에 사용됨, 단거리엔 제트 항공기보다 터보 프로펠러 엔진 비행기가 사용됨

항공목적	단거리용	근거리 통근용으로 사용되며, 100마일이하 거리를 운행(주로 12명 내지 60명의 승객을 운송, 주로 단발엔진 및 쌍발엔진)
	중거리용	DC_9 과 보잉 737, (1,000 마일 이하 중거리에서 사용, 수송 인원 : 100-160명)) 보잉 727(2,000마일 이하에서 사용, 수송인원 : 180명)
	장거리용	쌍발제트기(보잉 767 과 에어버스 A-300) 삼발제트기(DC-10 과 록히드 L-1011) 사발제트기(보잉 747과 맥도날드 더글라스 DC-8) 주로 3,000마일에서 7,000마일, 수송인원 : 180-500명
	특수목적용	헬리콥터, 수상비행기, 수륙양용기

나. 항공기 보유현황

1969년 3월 대한항공 민영화 조치 이후 한국의 항공 산업은 1980년대 중반까지 지속적으로 성장하였으며 대내외적인 항공규제완화 및 경쟁촉진에 의해 1988년 2월 아시아나 항공의 설립을 면허함으로써 본격적인 발전의 계기를 마련하게 되었다. 2005년 기준 대한항공은 여객기 95대와 화물기 19대를 보유하게 되었고 아시아나 항공은 총 61대의 항공기를 보유하게 되었다.

표 3-7 우리나라 8개 항공사 현황

항목 / 항공사	설립년도	항공기 수	항공 노선		직원 수	승무원 수
			국제선	국내선		
대한항공	1969	151	98	13	20,886	6,111
아시아나	1988	84	70	11	9,776	3,604
티웨이	2005	8	6	5	504	120
제주항공	2006	16	12	6	812	260
진에어	2008	5	11	6	307	92
에어부산	2008	13	16	3	383	115
이스타항공	2009	8	8	3	626	195
에어인천	2012	2	4	0	63	3
총계		287	225	47	33,357	10,500

출처 : 국토교통부, 한국항공진흥협회/ http://www.airportal.go.kr

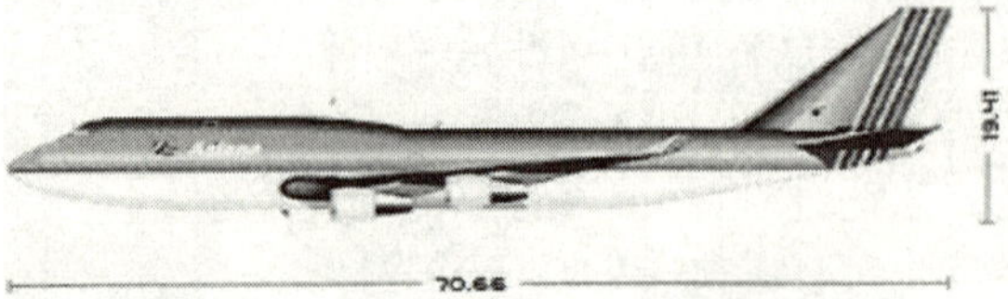

• B747-400

비행기수: PAX / COMBI / CARGO > 2 / 6 / 5 : 총13대	
좌석수	378 (280)
평균운항속도(km/h)	907
최대이륙무게(kg)	394,625
최대운항거리(km)	14,816
최대운항고도(m)	13,746
날개폭(m)	64.44

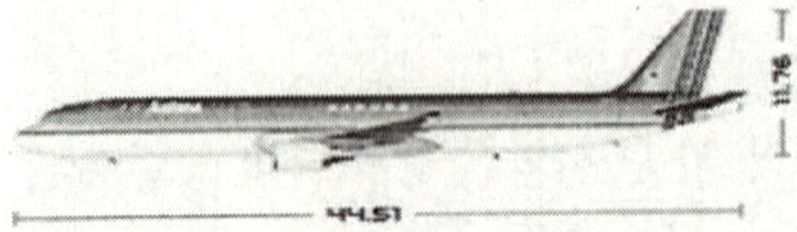

• A321-131 (A321-231)

비행기수: 131 / 231 > 4 / 11 : 총15대	
좌석수	200(177)
평균운항속도(km/h)	833
최대이륙무게(kg)	78,000 (89,000)
최대운항거리(km)	5,371
최대운항고도(m)	11,918
날개폭(m)	34.10

• B737-400

비행기수	13 대
좌석수	142/143/150/160
평균운항속도 (km/h)	790
최대이륙무게(kg)	58,967/64,636
최대운항거리(km)	4,630
최대운항고도(m)	11,278
날개폭(m)	28.88

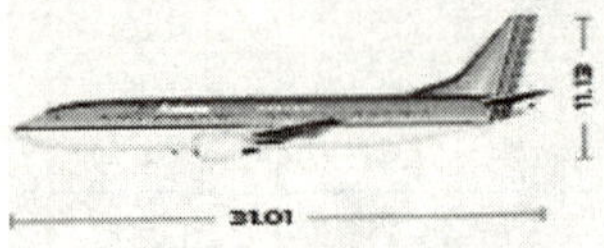

• B737-500

비행기수	3 대
좌석수	127
평균운항속도(km/h)	790
최대이륙무게(kg)	52,389
최대운항거리(km)	5,000
최대운항고도(m)	11,278
날개폭(m)	28.88

• B777-200er

비행기수	5 대
좌석수	310
평균운항속도(km/h)	896
최대이륙무게(kg)	286,897
최대운항거리(km)	14,816
최대운항고도(m)	13,137
날개폭(m)	60.9

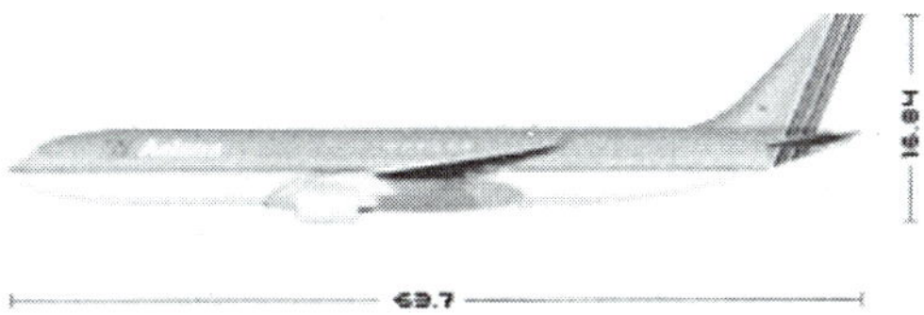

• A330-300

비행기수	1 대
좌석수	290 (30/260)
평균운항속도(km/h)	876
최대이륙무게(kg)	230,000
최대운항거리(km)	11,518
최대운항고도(m)	12,527
날개폭(m)	60.30

• B767-300

비행기수: STD / ER / CARGO >
8 / 2 / 1 : 총11대

좌석수	260(224/236)
평균운항속도 (km/h)	853
최대이륙무게(kg)	156,489/163,293 (184,612)
최대운항거리(km)	9,074 (12,408)
최대운항고도(m)	13,137
날개폭(m)	47.57

자료출처 : 아시아나 항공 홈페이지

그림 3-1 항공기의 유형

다. 여객수송과 화물 수송 실적

대한항공은 1천백만의 승객을 국내선으로 운송하였고 국제선으로 1천만명의 수송실적을 기록하였다. 화물운송에 있어서 국내선의 경우 약 1백30만톤을 수송하였고 국제선은 25만톤의 화물을 수송하였다. 2004년 수입 면에서 보면 대한항공은 총 3조 4천억의 수입을 기록하였다. 노선 수익 즉 여객운송과 화물 수송에서 약 2조 9천억의 매출액을 기록하였고 부대수익 즉 정비용역, 교육수입, 건물임대 등에서 1천 3백억의 수입을 기록하였고 항공기, 기내식, 호텔면세에서 2천 8백억의 수입을 올렸다. 아시아나 항공의 경우에도 여객과 화물 수입뿐만 아니라 부대 수입에서도 지속적인 수입의 증가가 있었다. 여객수입에서 1조 7천억 그리고 화물에서 8천 2백억을 기록하였고 부대 수입에서 2천 6백억을 기록하였다.

5 항공업 경영

가. 항공운송상품

항공운송 상품은 항공기, 노선, 서비스를 필요로 한다. 항공기가 제공하는 것 중에서 가장 중요한 임무는 안정성과 쾌적함을 제공하는 것이다. [그림 3-2]에서 보여주는 바와 같이 1950년 DC-3 경우에는 프로펠러를 이용한 항공기여서 승객에게 안정성과 쾌적함을 제공하기에는 부족한 면이 많았다. 하지만 현재 사용되는 B737-800 경우에는 정숙성과 안정성 그리고 최고의 쾌적함까지 제공하고 있다 ([그림 3-2, 3-3] 참조).

Ⅰ그림 3-2Ⅰ 1950년대 DC-3 프로펠러 항공기

Ⅰ그림 3-3Ⅰ 2000년대 B737-800 최신형 항공기

Airbus사는 세계의 대형여객기 시장을 독점하고 있는 보잉 747에 대항하기 위해서 1990년대 초부터 좌석수 500석 이상의 대형 여객기 개발에 대한 연구를 시작했다. 그리하여 2000년 12월 19일에 최종적으로 개발이 결정된 것이 에어버스 A380이다. 최초로 A380에 대한 구매를 결정한 것은 에미리트항공이며, 그 후로 에어프랑스(프랑스국영항공), 루프탄자 그룹, 싱가포르항공, 대한항공 등 15개 항공사가 1층석, 2층석 모두 2개 통로를 갖는 와이드보디형 A380을 발주했다(2007년 8월 기준). 그리하여 한국에서는 대한항공이 A380을 2011년 5월에 첫 출항하였다. A380은 전좌석을 이코노미석으로 개조할 경우 약 840여석이 나오지만 긴급상황시 안전한 대피를 고려하여 일반적으로 550여석 정도를 마련하고 있다.

▌그림 3-4▐ A380 최신형 항공기

A380 생산은 2002년 1일부터 시작되었으며 독일 등 유럽 각국에서 제작된 중요 부품들은 선박이나 화물차 등으로 프랑스 툴루즈로 보내져 이곳에서 최종적으로 조립된다. 2004년 7월에 완성된 기체의 모습이 일반에 처음 공개되었다. A380의 최고 시속은 마하 0.88, 장거리항행속도는 마하 0.85 정도이다. 항속거리는 15,100㎞, 중량은 275,000kg, 이륙최대중량은 548,000kg이다. 주익 길이는 79.8m, 동체 길이는 73m, 높이는 24.1m이다. 이처럼 [그림 3-5]에 나타난 바와 같이 A380의 거대한 규모로 인해 그에 따른 공항시설 또한 변경되어야 할 것으로 보인다.

▌그림 3-5▐ A380을 위한 공항시설

항공 노선의 다양함은 승객에게 보다 폭넓은 선택을 할 수 있는 기회를 제공하고 보다 많은 여행목적지로의 연결 편을 선택할 수 있는 편리함을 제공한다. 이러한 항공 운송 상품은 서비스와의 결합이 반드시 필요하다. 왜냐하면 특성 있는 서비스는 항공사의 직접적으로 매출과 연계될 가능성이 크기 때문이다.

세계항공업계 경영난 지속 전망

세계 항공업계가 당면한 과잉 공급과 수익 악화문제는 오는 2004년까지 해소되지 않을 것이라고 유럽항공클럽(EAC)이 최근 전망했다.

리가스 도가니스 EAC회장은 15일 필리핀 마닐라에서 열린 경제인간담회에서 "각종 자유화 조치로 촉발된 세계 항공업계의 위기는 9·11테러로 더욱 악화됐다"면서 "자유화조치는 과잉공급을 야기해 항공사의 수익악화를 초래했다"고 지적했다.

과잉공급문제 외에도 유가 인상, 저가 운임경쟁, 노동비용 증가, 일부 항공사들의 정부지원금 유용 등으로 세계 항공업계의 전반적인 경영상태가 부실해졌다는 것이다. 이런 가운데 발생한 9 · 11테러는 항공사들의 보험비용과 보안비용 등의 지출증가와 항공수요 감소라는 결과를 초래, 세계 항공업계의 경영악화를 더욱 부채질했다고 도가니스 회장은 설명했다.

그는 또 "세계 항공업계에 첫 위기신호등이 켜진 것은 지난 99년이었다"며 "그 당시 세계 10개 주요 항공사들은 전년도에 총 45억 달러에 달하는 손실을 기록했다"고 말하고, 국제항공운송협회(IATA)의 전망처럼 내년까지 항공수요는 계속 감소할 것으로 본다면서 항공수요가 증가세로 반전하더라도 9 · 11테러 이전 수준으로 회복되려면 1년 정도 더 소요될 것이라고 전망했다.

따라서 세계 항공업계의 수익이 정상회복되려면 3년 정도가 더 지나야 하고, 이 과정에서 몇 개 항공사의 추가 도산이 불가피하다고 지적함, 유럽지역의 항공사들은 정부의 지원이 없다면 추가 도산 위험성이 가장 높다고 덧붙였다.

한편, 영국의 경제전문 시사주간지인 이코노미스트는 최신호(15일자)에서 'US에어웨이 항공사 파산의 마지막이 아니다'라는 제목의 기사를 통해 미국에서 연쇄도산이 더 확산될 수 있음을 강조했다.(기사일자 2002-8-20)

자료출처 : http://www.cargonews.co.kr/gisa/200208/020820-2.htm

나. 항공사 서비스상품

항공사 서비스상품은 크게 예약서비스, 발권서비스, 공항서비스, 기내서비스 네 가지로 나누어 볼 수 있다. 탑승권 구매를 위한 예약서비스는 전화와 인터넷이 가장 일반적이지만, 그 외 자동예약과 팩시밀리 예약도 가능하다. 항공사마다 다소 차이가 있지만 부가적으로 기내면세품예약서비스 또는 선호하는 영화 또는 음식을 미리 주문하는 예약서비스도 가능하다. 개인적 또는 문화적인 특성으로 인해 채식을 해야 하는 경우 예약시 미리 주문하면 당황스러운 상황을 피할 수 있다. 발권서비스는 공항에서 주로 이루어지며 요즘은 온라인상에서 해결되는 전자발권서비스도 가능하다. 그 외의 공항서비스로는 라운지이용, 유아 및 장애자를 위한 장비 및 부대시설, 보관서비스 등이 있다. 마지막으로 기내서비스는 가장 큰 부분을 차지하는데 승무원의 일반적인 기내서비스 뿐만 아니라 엔터테인먼트와 식음료 등을 포함한다.

다. 항공사 서비스 수준

사람들은 흔히 어느 항공사의 서비스수준이 가장 높은가라는 질문을 자주 한다. 항공사 서비스상품 역시 기타 서비스상품과 마찬가지로 매우 복잡한 요소로 구성되어 있다. 고객들은 기내에서의 서비스수준을 가장 비중 높게 평가하는 경향이 있지만, 사실 예약, 전화상담서비스, 수속 등과 같은 것도 사실 넓은 범주에서는 상품에 포함시켜야 한다. www.airlinequality.com 사이트의 스카이트랙스연구소(skytrax research)는 항공사를 5개의 등급으로 분류하고 ★로 그 등급을 표시하는 평가를 실시하였다. 2003년도 1등급(★★★★★)을 받은 항공사는 캐세이퍼시픽 항공사(Cathay Pacific Airways), 카타르 항공사(Qatar Airways), 싱가포르 항공사(Singapore Airline)인데, 별이 5개인 이유는 물론 스카이트랙스가 자체적으로 개발한 평가서에서 좋은 점수를 받아서이겠지만, 특히 이코노미 클라스 직원의 우수한 서비스와 서비스상품의 질이 타 항공사가 본받을 만큼 우수하기 때문이다.

이처럼 호텔이나 항공사의 상품에 등급을 부여하는 이유는 서비스상품이 갖는 여러 가지 특성 때문인데, 그 중에서도 소멸성(perishability)과 표준화(standardization)의 어려움 때문이다. 소멸성이란 소비자가 구매한 상품을 소비하면서 동시에 그 상품자체가 다시 남지 않고 소멸해 버리는 것을 말한다. 쉽게 설명하면 볼펜은 쓰기를 반복해도 여전히 상품의 기능을 하고도 나중의 사용을 위해 지속적으로 존재한다. 그러나 한 번 탑승하여 좌석을 이용하고 이동하는 동안 제공받는 다양한 서비스는 일회성이며 소비와 동시에 사라진다. 나중의 사용을 위해 저장할 수 없는 것이다. 호텔 객실과 레스토랑의 음식도 이와 같은 이치이다. 표준화의 어려움이란 인적 서비스가 가미된 서비스상품은 서비스 제공자의 숙련정도, 개인 감정상태, 근무환경 등에 따라 그때그때 달라질 수 있다는 뜻이다. 즉 상품의 질에 있어서 표준화하기 매우 어렵다는 것이다. 그러므로 상품의 질을 통제하기 위해 등급심사를 주기적으로 하는 것이 요구된다.

스카이트랙스 항공사의 평가기준

★★★★★

- 최고의 항공사 서비스 품질을 제공하는 수준
- 평가항목 전반적으로 최고 점수를 받아야 하고 특히 기내에서의 직원의 서비스 제공 수준이 매우 우수하여야 함
- 서비스 상품 혁신에 있어서 선구자적인 역할을 하여야 하고 그러한 혁신이 타 항공사에게 전수되는 경향이 있음
- 앞에서 언급한 3개의 항공사

★★★★

- 상당히 우수한 서비스 품질을 제공하는 수준
- 전반적인 평가결과가 우수해야 하고 직원의 서비스수준이 우수해야 함
- 42개 항공사가 부여받았으며 한국 항공사들을 포함해 우리가 일반적으로 서비스가 우수하다고 느끼고 있는 항공사들의 대부분이 이 등급에 속함

★★★

- 항공사 산업체의 평균적인 서비스품질을 제공하는 수준

- 항공사의 핵심 서비스 상품의 수준과 직원의 서비스 수준이 대체로 만족스러운 수준
- 2003년도에 138개 항공사가 부여받았으며 그 중 7개사는 사업운영을 중단한 상태임

★★

- 제공되는 서비스상품의 품질이 일반적인 수준 이하임
- 2003년도에 23개 항공사이 부여받았으며 그 중 1개사는 사업운영을 중단한 상태임

★

- 서비스상품의 질이 형편없으며 매우 저조함
- 아직까지 이 등급을 부여받은 항공사는 없음

이러한 등급은 공급자에게는 동종업계에 있는 공급시장에 관한 정보를 제공할 뿐만 아니라 수요자에게는 상품에 대한 유용한 정보를 제공한다. 고객은 항공기 좌석이 편안한지 승무원의 서비스가 우수한지 사전에 경험해 볼 수 없다. 그러나 이러한 등급평가는 고객이 서비스상품을 구매하기 전에 유용한 가이드 역할을 하는 것이다. 현명한 고객은 이러한 등급을 항상 예의주시하는 경향이 있으며 본인이 소비한 서비스 상품의 등급을 잘 기억하였다가 차후에 더욱 가치 높은 구매를 시도할 것이다.

항공좌석에는 퍼스트 클라스(First class), 비즈니스 클라스(Business class), 이코노미 클라스(Economy class)로 주로 나누어지는데, 이코노미 클라스의 가격은 수요예측 프로그램이나 수익관리법(Yield management)에 의해 다양하게 나타날 수 있다. 따라서 이코노미 클라스의 경우 출발지와 목적지가 동일한 옆 좌석에 앉은 사람이 실제로 나와 같은 항공료를 지급한 승객인지는 알 수 없는 일이다. 유럽의 경우 몇 년 전부터 'Economy'라는 단어가 주는 뉘앙스가 '저렴하다' 또는 '경제적이다'라는 의미보다 '싸구려다'라고 주는 뉘앙스가 더 강해서 'Economy class'대신 'Travellers class'라는 단어를 사용하기도 한다. 항공사가 제공하는 서비스상품의 질과 브랜드의 가치에 따라 가격이 다양하게 나타날 수 있는데, 일반적으로 특정 국가에서 출

발하는 경우 그 자국의 항공사 서비스 상품 가격이 가장 높은 경향이 있다.

최근 항공업계의 두드러진 변화는 바로 항공요금의 거품을 제거한 저가항공사의 출현이다. 그야말로 이동에만 중점을 두고 각종 부가서비스(음료, 신문, 1회용 세면도구 제공 등)를 없애면서 요금을 저렴하게 제공하여 틈새시장을 공략하는 저가 항공사가 많이 출현하여 기존의 항공사 수요를 앗아가고 있는 실정이다.

저가항공 4사 매출 '고공비행'

작년 모두 1000억 원 돌파

국내 저가항공사인 제주항공 진에어 에어부산 이스타항공이 지난해 모두 매출액 1,000억 원을 돌파하면서 급성장했다.

10일 항공업계에 따르면 2009년 매출액이 880억 원이었던 제주항공은 지난해 80%나 높아진 1,600억 원 정도의 매출액을 기록했다. 진에어와 에어부산은 매출액이 1,200억 원내로 잠정 집계됐나. 이는 선년보다 70~100% 높아진 액수다. 특히 진에어와 에어부산은 각각 70억 원대와 40억 원대의 영업이익을 달성하기도 한 것으로 알려졌다.

이스타항공은 매출액이 2009년의 443억 원에서 지난해 1,083억 원으로 급등해 매출액 규모 면에서 가장 큰 폭으로 성장한 항공사가 됐다.

저가항공사들이 지난해 큰 폭으로 매출을 늘릴 수 있었던 것은 국제선 취항을 본격화하고 항공수요도 급증했기 때문으로 분석됐다. 올해도 이런 추세가 이어질 것으로 예상되는 가운데 제주항공은 올해 매출액 목표치로 2,100억 원, 이스타항공은 1,460억 원을 설정했다.

항공업계 관계자는 "거리나 연비 등을 감안할 때 항공사 입장에서는 국제선이 국내선보다 실적에 더 큰 도움이 된다"며 "올해도 저가항공사들의 일본과 동남아 주요 노선 취항이 늘어날 것으로 보여 이들 회사들의 외형이 더욱 커질 것"이라고 전망했다.

(자료 : 인터넷한국일보, 2011년 1월 10일)

라. 항공운임의 종류

항공운임은 가격은 승객의 여행상태, 여행목적, 그리고 여행 조건 등에 따라서 다르게 적용될 수 있다. 항공 운임은 크게 정상 운임, 특별 운임(판촉가격), 할인 운임의 3가지로 나눌 수 있다.

1) 정상운임(Normal fare)

이것은 항공권 상에 명시된 요금으로써 여정변경, 항공사 변경 등에 원칙적으로 제한이 없다. 유효기간은 발행일로부터 1년 안에 사용하여야 하며, 나머지 구간은 여행 개시일로부터 1년이다. 여행 기간 중 체류 횟수는 제한이 없으며 원칙적으로 예약의 변경, 여정의 변경, 항공사 변경에 제한이 없다.

2) 특별요금(Special fare)

일명 판촉요금으로도 불려진다. 이 요금은 운임의 적용 수준에 따라 승객의 여행기간, 여행 조건 등에 일정한 제한을 가하며 각 구간별로 공시하여 이루어진다. 여행의 제한이라 함은 최소의무체류기간(Minimum stay)과 최대허용체류기간(Maximum stay)을 공시한다. 여행 조건에 대한 제약은 예약 변경, 여정 변경의 가능 여부, 중간 지점의 도중체류(Stopover)의 횟수 등이다.

3) 할인요금(Discounted fare)

승객의 나이나 신분에 따라 할인을 제공하며 항공권 발권 시 여행기간 및 여행 조건 등에 따라 기준운임은 정상운임이나 판촉운임이 될 수 있다. 현재 항공사가 제공하는 할인 요금을 살펴보자(〈표 3-8〉 참조).

표 3-8 운임의 종류

적용 대상	적용 내용	운임수준
유아 (IN : Infant)	여행 개시일 기준으로 만 14일 이상~만 2세 미만의 아기	성인 요금의 10% 적용
소아 (CH : child)	만 2세 이상 12세 미만의 어린아이	성인 요금의 67% 적용(CP는 75%, JL은 85%, NW은 별도)
학생	대상은 만12세이상~만25세 이하의 학생	성인 요금의 75% 적용
항공사 직원	대상은 항공사직원 및 가족	운임수준 및 탑승조건이 항공사 마다 다름, 유효기간 : 발행일로부터 3개월
대리점 직원	대리점 및 그 배우자	정상 운임의 25%가 적용, 배우자는 50% 적용
단체 인솔자	대상은 10명 이상 단체승객 인솔하는 자	운임수준은 10명당 50% 할인 1명, 15명당 100% 할인 1명
선원	조업과 관련하여 여행하는 선언	성인 정상 운임의 75% 적용

항공권을 할인하는 기준은 다음과 같이 분류될 수 있다.

① 대상별 (일반, 학생, 소아, 군인 등등)

② 인원별 (개인, 소그룹, 단체 등)

③ 계절별 (성수기, 비수기 구분 판매)

④ 나이별 (26세 미만, 30세 미만 등등)

⑤ 조건별 (귀국일 조정 여부, 귀국지 변경 여부, 환불 불가 조건)등 이다.

할인 항공권은 항공회사에 따라 값이 다르며 계절에 (성수기, 비수기)따라 차이가 난다. 항공권에 대해서는 최소한 본인이 구입한 티켓의 조건에 대한 내용을 파악할 수 있으면 좋다. 다음은 기초적으로 알아두면 좋은 내용을 간단히 정리 해 본 내용이다.

그림 3-4 항공권

표 3-9 항공권의 세부 설명표

내용	해설
항공사명	이용항공사의 영문이 적혀 있는 곳임
NON-ENDOS	양도 불가의 뜻으로 다른 항공사로 변경하여 탑승이 안 된다는 뜻임
출발지/귀국지	SEL/SEL로 표시되어 있는 것은 서울에서 출발하여 최종적으로 서울로 도착한다는 뜻임
예약번호	항공사에 따라 숫자로 된 경우도 있으며 영문과 숫자가 혼용되어 사용하는 것이 일반적이다. 실제 현지에서 예약을 재확인 할 경우에 가장 필요한 사항임
발행여행사	우측상단에는 해당 항공권을 발행한 국가, 도시, 여행사명이 기록됨
발권일	13 DEC 01로 표시되는 것은 2001년 12월 13일날 티켓이 발권되었다는 뜻임
공항코드	티켓에는 도시명과 함께 실제 입국하는 공항코드를 기록하게 되어 있다. ICN은 인천공항, HKG은 홍콩공항, LHR은 런던 히드로 공항, CDG는 파리 드골공항을 나타냄
X 표시	해당도시..즉위의 티켓에서는 홍콩에서 머물지 못한다는 뜻이다. 즉 서울 출발하여 홍콩을 경유만 하고 바로 연결 편으로 런던까지 가야만 하며 귀국 시에도 마찬가지로 홍콩에 머물지 못하고 경유는 하되 바로 다음 목적지로 이동하여야 한다는 뜻임
영문이름	여권이름과 동일하여야함
CX	캐세이 퍼시픽의 항공사코드임 (예 : 대한항공 KE)

내용	해설
탑승일	25 DEC...16JAN...등 탑승일 을 나타냄
BEE6M	6개월 동안 유효한 티켓의 유효기간을 나타냄
티켓 사용가능일	29 DEC 25JUN은 마지막여정에서(마지막 티켓 구간) 아무리 빨라도 29 DEC 이후에 사용이 가능하며 아무리 늦어도 25 JUN 01 까지 사용하여야 한다는 뜻임
OK	좌석확보가 되었다는 뜻이며 이와는 반대로 대기자인 경우 RO로 표시함
탑승시간	실제 비행기 이륙시간을 나타냄
항공권번호	하단부의 일련의 숫자들은 해당항공권의 번호임
20K	허용수하물의 무게이다 (미주 및 캐나다 지역을 제외한 모든 지역은 동일함
항공요금	좌측하단부의 요금에는 할인 요금이 안 나오고 항상 정상적인 가격이 나온다. 그 위에 길게 나와 있는 부분이 실제 항공요금을 산출한 근거 내용임

바. 항공업의 조직 구성과 임무

1) 항공사 조직

대한항공은 현재 재무관리본부, 인재관리본부, 경영전략본부와 7개의 독립부서들과 총괄 사장아래 여객담당사장, 화물담당사장, 운항지원담당과 4개의 독립된 부서로 구성되어 있다. 대한 항공은 서울, 인천, 김해, 부천에 4개의 정비기지를 보유하고 있으며 작업장, 기술지원 서비스, 그리고 포괄적인 물류 지원망을 갖추고 있다. 특이 정비 분야에 있어서 최고의 전문성을 보여주고 있다. 대한항공에 따르면, 21년 정비 경력자가 30%, 11년에서 20년까지 39%, 5년에서 10년까지 15%, 1년에서 5년까지 16%를 각각 차지하고 있다.

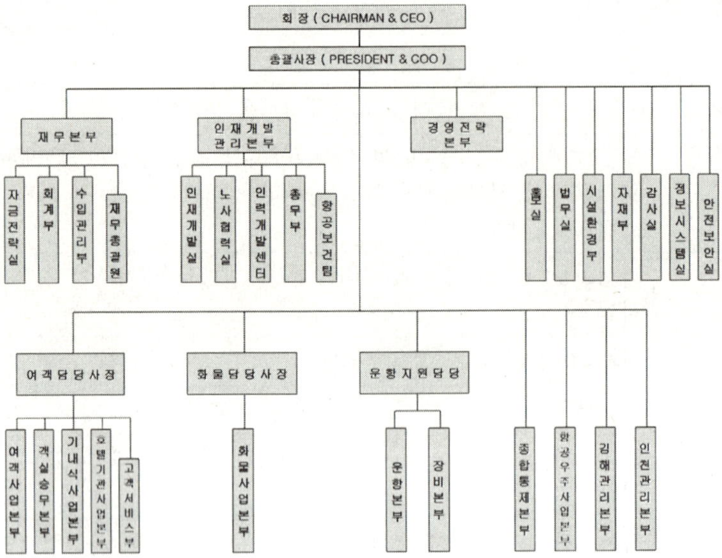

자료출처 : 대한항공 홈페이지

| 그림 3-5 | 항공업무 조직도

2) 객실 승무원의 구성

항공기 승무원은 운항 승무원과 객실 승무원으로 나누어진다. 운항승무원(Flight Crew)이라 함은 항공기를 조정하며 기기를 조작하는 사람을 이르는 말이다. 객실 승무원(Cabin Crew)은 조종사와 함께 승객들을 목적지까지 안전하고 편안하게 여행할 수 있도록 객실에서 승객에 대해 서비스를 담당한다. 객실 승무원은 다시 사무장, 보조사무장 그리고 남녀승무원으로 나눈다. 수석사무장과 선임사무장이 대형기에 탑승하여 전 객실 승무원을 총괄지휘하게 된다. 사무장 및 보조 사무장은 통상적으로 부팀장의 임무를 수행하며 팀장을 보좌 국제선에서는 일반석 서비스를 총괄한다.

3) 객실 승무원의 근무절차

비행기가 이륙하기 전 객실 승무원은 국제선인 경우 2시간 30분전에 객실 사무장 주관 하에 임무 분담, 용모 및 휴대품 점검, 유의사항 및 신규 업무지식 등에 관한 지시 사항을 점검 받는다. 그리고 기장의 주관 하에 목적지, 비행시간, 항로 및 기상조건, 기타 유의 사항 등에 대해 들으며 항공기 출발 1시간 전에 탑승하여 비상장비 및 기내시설의 이상유무, 비행 중 필요한 기내용품의 수량 및 탑재여부, 기내의 청결사태 등을 포함한 객실 서비스에 관한 제반사항을 확인 하여 이상이 없도록 준비한다. 기내의 모든 준비가 완료되면 사무장의 탑승지시에 따라 승객의 탑승을 돕고 탑승이 완료되면 안전벨트, 구명복, 산소마스크, 비상 탈출구의 사용법에 대한 시범을 보인다. 이와 같은 시범은 보통 비행기가 활주로로 진행하는 동안 진행되며 시범이 끝나면 전 승무원은 이륙을 위하여 최종적으로 좌석 벨트 확인, 기내 이동 물질의 고정, 금연 여부 등을 확인한다. 항공기는 이, 착륙 시점에서 사고 발생률이 가장 높기 때문에 만약의 사태에 대비하고 있어야 한다.

비행기가 이륙한 후에는 승객의 요청에 맞춰 읽을거리, 음료, 식사 등을 제공한다. 또한 헤드폰을 제공하며 영화나 음악을 선정할 수 있도록 조작 방법을 설명한다. 이 외에 비행 중 객실 승무원이 하는 일은 승객의 입국 수속에 필요한 서류나 세관 신고서의 작성 방법을 설명하며 향수, 주류 등의 면세품을 판매하는 일 들이며 특히 환자나 도움이 필요한 승객을 보살피는데 신경을 써야 한다.

목적지 공항에 가까이 이르게 되면 착륙 안내 방송이 나오며 이 때 객실 승무원은 기내 최종 점검을 실시하여 이동 물질을 고정 시키고 승객의 좌석 벨트를 확인한다.

비행기가 착륙하게 되면 승객들이 내리는 것을 도와주며 객실 상태나 승객의 분실물 등을 점검하고 기타 운항 관련 보고서를 작성한다.

일반적인 업무는 아니지만 객실 승무원의 가장 중요한 업무 중의 하나는 비상사태 시 승객들을 안심시키며 필요한 조치를 취하는 것이다. 비상착륙 시에는 승객들을 신속하고 안전하게 탈출 시켜야 한다.

[허용선의 세계기행-네덜란드 스키폴공항] 공항에서 박물관 관람 세계 유일

해외여행을 하다보면 공항에서 다른 비행기로 갈아타기 위해 몇 시간씩 기다리는 일이 종종 벌어진다. 어떻게 보면 상당히 무료한 이 시간을 효과적으로 보내기 위해 유럽 최대의 공항인 암스텔담 스키폴공항에선 최근 획기적인 방안을 마련했다. 공항 내에서 여러 가지 활동을 즐기며 시간을 보낼 수 있는 10가지 방법을 소개한다.

첫째, 국립박물관 암스텔담 스키폴에서 문화에 심취해 본다. 암스텔담의 유명한 국립박물관은 스키폴공항에 부속관을 두고 있다. 공항내에서 박물관을 구경할 수 있는 곳은 전 세계에서 이곳이 유일하다. 매일 오전 7시부터 오후 8시까지 개관하며, 일년에 수 차례 상설 전시회가 개최된다.

둘째, 프리미엄 회원이 된다. 가령 우주시대 여행을 경험해 보려면, 스키폴공항의 프리미엄 서비스 센터로 가서 프리미엄 프로그램에 신청해 본다. 주차 혜택과, 18개의 항공사가 참여하는 데스크에서 비지니스 클래스 체크인을 할 수 있는 것을 비롯해, 최첨단의 홍채 인식 기술을 사용해 안전하고 신속하게 통과 절차를 마칠 수 있다.

셋째, 버프 스톱(Buff Stop)에서 반짝 반짝 윤을 내본다. 여행객들은 버프 스톱에 들러 전문적인 훈련을 받은 구두닦이 소년들의 서비스를 받을 수 있다.아일랜드의 전문 구두닦이 회사는 출입국 대기실 두 군데에서 버프 스톱을 열고 여행객들에게 서비스를 제공하고 있다. 기본료는 5.00유로(3.60파운드)다.

넷째, 공을 굴리고 회전시키는 룰렛게임을 즐겨본다. 스키폴 카지노의 룰렛 테이블에서 항공료나 휴가비를 마련해 본다. 전문적으로 카지노 게임을 즐기는 도박사들도 비행기를 놓칠 염려는 없다. 세계에서 유일하게 스키폴 카지노엔 시계가 있기 때문이다.

다섯째, 튤립 사이를 조심스레 산책한다. 네덜란드 특산물인 튤립을 비롯, 구근식물, 치즈, 초콜렛 등은 홀랜드가에 있는 'See Buy Fly' 면세점에서 구입할 수 있다. 이곳은 쉥겐협정국(벨기에, 룩셈브루크, 프랑스, 독일, 스페인, 포르투갈) 여행객들을 위해 새로 확장한 면세점이다. 홀랜드 투어를 이용하여 암스텔담이나 네덜란드의 작은 역들을 둘러본다. 홀랜드 투어 프로그램에서는 여행 후 비행기 시간에 맞추어 공항까지 다시 데려다 준다.

여섯째, 잠시 옷매무새를 가다듬는다. 스키폴에서는 가장 작은 방에 방문하는 것 자체가 하나의 좋은 경험이 된다. 16개의 방으로 나뉘어져 있는 화장실은 운하 가옥이나 튤립농장, 유명한 그림과 자연 풍경 등, 네덜란드의 전형적인 풍경으로 장식되어 있다. 해변 그림으로 장식되어 있는 화장실에 들르면 해변가의 갈매기 소리와 파도가 부딪히는 소리도 들을 수 있다.

일곱째, 크리스탈 궁전에서 옛 시절을 감상해 본다. 스키폴 크리스탈 궁전에서, 높은 천장과 샹들리에, 가죽 가구들, 티파니 풍 창문으로 완벽하게 조화를 이룬, 세기 말 '그랜드 카페' 분위기에서 아페리티프(식전 술)를 음미해 본다. 암스텔담의 가장 유명한 궁전을 재건축한 것으로, 원래의 크리스탈 궁전은 영국의 크리스탈 궁전에 의해 영감을 얻어 지어진 것이다.

여덟째, 전통적인 암스텔담의 술집에서 직접 양조한 생맥주 하이네켄 한두 잔을 음미해 본다. 맥주를 좋아하지 않으면 와인 바나 커피숍, 또는 생과일 쥬스 가게도 있다. 시장기가 느껴지면 라 브라세리(La Brasserie-예약하는 것이 좋음)에서 세 가지 코스의 미식가 요리부터, 그 유명한 파티세리 체인(프랑스풍 파이), 폴에서 불란서 바비큐 요리의 참맛을 마음껏 즐겨 본다.

아홉째, 활력을 되찾는다. 활력회복 마사지는 여행을 시작할 때 또는 여행을 마무리할 때 받아 볼 만 하다. 10분 마사지(15유로-11파운드)나 20분 마사지(25유로-약18파운드) 가운데 선택할 수 있다. 활력 회복 마사지사는 오일을 사용하지 않기 때문에 손님들은 옷을 입은 채 인간 공학적으로 디자인 된 편안한 의자에 앉아 어깨와 머리, 목, 등, 손, 팔등을 마사지를 받게 된다.

열째, 전세계가 연결 되어 있다. 공항의 통신 구역 내에서 집이나 사무실로 소식을 보내려면 Wi-Fi 직통라인에 연결한다. 노트북이 없는 경우라도, 모든 라운지에 100대의 고정 터미널이 설치되어 있어 인터넷 연결이 가능하다. (15분이용 3유로-2.15파운드, 1시간에 9유로-6.45파운드) 무선랜과 WIFI의 비용은 24시간에 10유로이다.

공항을 이리 저리 돌아다니며 여러 가지 재미를 만끽하고 나면 피곤이 서서히 밀려 들 것이다. 공항의 편안한 의자나 공항 여권관리소(Passport Control) 내에 있는 터미널 호텔에서 잠시 눈을 붙여 보는 것도 공항에서 시간을 보내는 좋은 방법이다.

/ 글·사진 허용선(여행 칼럼니스트) yshur77@hanmail.net
/ 자료문의 주한 네덜란드 관광청(www.holland.com/kr. 011-701-8052)
2004년 10월 27일(수) 오후 5 : 44 [파이낸셜뉴스]

04 Chapter

호 텔

제 4 장 호 텔

1 호텔실무

가. 숙박산업의 경향

이전의 숙박산업에 대하여, E. Statler는 “고객은 항상 옳다”라고 언급하였으나, 최근 들어서는 “고객은 항상 옳은 것은 아니며, 다만 그들은 항상 고객이다”라고 수정되고 있는 추세이다. 사례로 들은 이 두 경우 모두 끊임없이 변화하는 고객의 수요를 만족시킬 서비스를 제공해야한다는 것을 의미할 수 있다.

환대산업이라고 하면 흔히 호텔 건물자체를 연상하지만 실질적으로 분위기를 창조하는 것은 호텔직원이며, 호텔 지배인의 경우, 리더십과 경영마인드가 요구되는 직책이다. 그 중에서도 리더십이 오늘날 더 강조되고 있으며 유머감각을 지닌 훌륭한 호텔지배인은 부하직원들을 잘 리드하여 자신감을 불어넣을 수 있다. 리더십은 또한 리더십의 종류(변혁적 리더십, 거래적 리더십, 서번트 리더십 등)에 따라 추종자들의 방향과 성과를 좌우하므로 매우 중요하게 여겨지고 있다. 최근 들어 학계와 업계에서는 부하직원에 대한 권한부여(empowerment)에 관심이 모아지고 있다. 직급에 상관없이 고객을 응대하는 일선직원의 경우 권한을 부여함으로써 문제발생시 고객의 불평을 최소화하는 결과를 가져올 수 있다. 최근 환대산업 특히 호텔 내에서 이러한 인적자원관리의 중요성이 더욱 중요시되면서 선발에서부터 훈련 및 성과에 대한 평가들이 체계적으로 이루어지고 있는 추세이다.

나. 전통적인 호텔의 정의

호텔이란 식음료, 세탁, 가구 및 기타 제품 사용과 같은 서비스를 갖춘 숙박시설(약 50-2000개의 객실)을 말한다(Chambers English Dictionary, 1999)[2].

우리는 앞의 정의에서 무언가 잘못된 것은 없는지 생각해 봐야 한다. 여러분이 아는 것과 같이 호텔의 핵심상품은 객실임에도 불구하고 호텔은 숙박이라는 서비스만 제공하는 곳이 아니다. 즉 고객이 다양한 활동(사우나, 수영, 나이트클럽, 피트니스클럽, 휴식, 사업 등)을 즐길 수 있는 무언가를 제공한다. 위에서 제시된 정의는 또한 인적서비스를 제외시켰다.

따라서 호텔에 대한 새로운 정의가 필요하다고 여겨져 다음과 같은 정의를 제시하고자 한다. 호텔이란,

> "거주지를 떠난 사람들에게 숙박뿐만 아니라 다양한 보조 서비스를 제공하는 운영체"
> "An operation that provides accommodation and ancillary services to people away from home."

을 의미한다.

이 새로운 정의가 포함하는 범주는 다음과 같다.

① traditional hotels

② motels

③ holiday camps

2) A, usually large, house run for the purpose of giving travellers food, lodging, etc.

④ condominiums

⑤ hostels (for example, youth hostel)

⑥ hospitals

⑦ prisons

1) 호텔의 기능

- 전통적 기능
  숙박의 기능
  음식제공의 기능
  만남과 집회의 기능
- 현대적 기능
  숙박 및 식음료 서비스 기능
  비즈니스 서비스 기능
  스포츠, 레저 기능
  문화서비스 기능
  사교시설 기능
  지역사회 봉사 기능

다. 호텔의 경영형태

1) 독립경영호텔(Independent Management Hotel)

독립경영호텔이란 개인이 호텔을 운영하거나 회사의 경우에 호텔업에 투자하여 전문경영인으로 하여금 단독경영을 하게 하는 경영형태를 말한다.

오늘날에는 독립경영호텔이라 할지라도 개인이 소유하는 것이 아니라 주식형태로 여러 사람이 공유하는 것과 합작형태로 몇 사람이 공유하는 형태로 영업방식을 취하고 있다. 이와 같은 형태의 국내호텔은 신라호텔, 임피리얼 펠리스 호텔, 롯데호텔, 세종호텔 등이 있다.

독립경영호텔의 장점은 위탁경영 수수료, 상표사용 등의 수수료 부담이 없고, 경영정책과 노하우로 운영하기 때문에 경영의 간섭이 없이 자유로우며, 의사결정이 매우 신속하게 처리된다는 것이다. 그러나 단점으로는 해외광고 및 판촉의 제한과 호텔 건설, 경영노하우의 부족으로 해외 마케팅의 한계가 존재한다. 경쟁력 제고를 위해서 장기적인 마케팅 비용의 지출이 필요하다. 따라서 독립경영 호텔들은 비슷한 처지의 독립경영 호텔들과 상호 공동판촉활동을 전개하는 partnership을 통해 마케팅활동을 전개해 나가고 있다.

2) Chain Hotel

체인호텔이란 동일한 기업에 의해 소유되거나 운영되는 2개 이상의 호텔 혹은 호텔건설부터 운영까지 위탁경영되는 호텔로 호텔체인에서는 경영관리계약(management contract), 리스(lease), 프랜차이즈(franchise)가 이용되고 있는 형태이다. 또한 체인호텔은 대량생산, 대량판매, 대량 공동구매를 통해 비용절감과 단일화된 판매방식을 통하여 고객에게 신뢰감과 안정감을 주고 있다.

체인경영 호텔의 장점은 체인호텔의 공동판촉과 공동예약망 이용이 가능하며 대량구매로 인한 원가절감이 된다. 또한 유명 브랜드의 사용으로 초기에 인지도 및 신뢰성이 확보되고 호텔사업 진출 및 자금의 조달이 용이하다.

단점은 과다한 로열티 및 수수료의 지급이며, 본사와의 계약 후에 본사의 브랜드 이미지에 따른 영업의 성패가 좌우된다. 경영의 독립성이 상실되고, 장기간의 계약기간 의무이행이 이루어져야 하며 계약 종료 후 이미지 저하로 경영의 어려움이 야기될 수 있다.

① 위탁경영 호텔(Management Contract Hotel)

위탁경영호텔은 소유주가 호텔경영에 대한 경험이 없거나 직접 운영하기가 어려울 때, 체인본부와 계약에 의해 호텔의 인사권 일체의 경영권을 넘겨주고 호텔회사가 운영을 담당하고 그 댓가로 Management fee, royalty를 지급하는 것으로 경영권은 상실된다.

소유와 경영이 완전 분리된 경우로 체인본사가 호텔 고정자산에 대한 투자 및 호텔경영에 관한 재무적인 위험부담까지 책임지는 형태로 소유주는 이익금만 가져가는 것을 원칙으로 한다.

즉, 호텔소유주의 경영권이 상실된다는 점에서 프랜차이즈 호텔과 차이점이 있다.

장점은 호텔의 소유주는 호텔 경영에 대한 경험과 노하우가 없어도 호텔의 운영이 가능하다. 또한 체인경영회사의 상호를 사용하기 때문에 시장진입도 빠르며 경영에 있어 예약시스템, 운영시스템의 이용이 가능하다. 정기적인 직원교육과 훈련으로 인해 직원의 직무만족과 자질향상을 가져온다.

단점은 경영권과 인사권의 상실과 과다한 로열티(경영수수료, 마케팅 비용)의 지급으로 계약조건에 따라 법적인 분쟁의 가능성이 매우 높다는 것이다.

② Franchise Hotel

Franchise Hotel은 Franchisor(모회사)가 Franchisee(자회사) 에게 일정기간, 일정장소에서 정해져 있는 방법으로 영업을 할 수 있는 권리나 특권을 허가하는 것으로 경영권의 독립이 이에 해당한다. 프랜차이즈 경영은 위탁경영방식과 유사하지만, Franchisor와 Franchisee와의 관계는 지원관계이다. Franchisee는 Franchisor의 상호 및 상표를 사용하고 일정의 Initial fee와 royalty를 지급하는 방식으로, 위탁경영호텔과 달리 경영은 소유주가 하게 되므로 경영권으로 인한 본사와의 분쟁가능성이 적은 편이다. 즉, Franchisor가 경영담당보다 경영기술의 지도만 한다.

Franchise Hotel의 장점은 본사와 동일한 운영시스템을 적용하여 동일한 상표와 상호, 및 이미지를 사용하고 표준화된 제품과 서비스를 사용하는 것이다. 또한 가맹점 직원에 대한 교육을 지원하며, 기술 및 재정적인 지원 및 공동홍보를 전개하여 다양한 혜택을 받을 수 있다.

단점은 Franchise Hotel의 경우 본사인 Franchisor에게 가입비와 로열티를 지급하는데 있어서 부담감이 클 수 있다. 또한 독자적인 상품의 개발 및 판매활동이 제한적이다. 따라서 이로 인해 계약조건에 따른 법적분쟁이 발생할 가능성이 크다.

3) 본사직영 체인호텔

국내에서는 주로 대기업들이 호텔산업에 진출하면서 호텔경영에 대한 노하우 및 성공경영을 이루면서 전국각지에 자사의 직영호텔을 건립하여 본사직영 체인호텔을 경영하게 되었다.

본사와 가맹호텔이라는 계약관계는 없지만 체인경영의 장점을 그대로 살릴 수 있는데 이를 본사직영 체인호텔이라고 한다.

① Referral Group Hotel

Chain Hotel이 증가함에 따라서 단독경영형태의 호텔이 연합조직을 결성하여 체인화 되었다.

독립경영의 호텔들은 단일성 혹은 경영의 독립성과 소유권을 유지하였으나 체인호텔들의 성장으로 고객을 잃게 되고 그들의 전문화된 시장개척 및 예약제도 때문에 불리한 입장에 놓이게 된 것이다. 특히 재정적 측면에서 단독경영 호텔들은 해외선전과 광고비용에 대한 부담이 커지게 되었다. 이러한 이유로 단독경영 호텔 소유주는 유사그룹의 호텔들과 상호 협력하여 판매정책 및 예약서비스 등의 획일화를 위한 조직을 형성하였다. 그래서 각 호텔은 유사그룹의 호텔들과 상호 협조하여 독립경영은 유지하되 동시에 서로간의 새로운 정보를 교환하게 되었다.

리퍼럴(referral)조직경영의 장점은 단독경영호텔들의 공동체 형성으로 체인 및 프랜차이즈 호텔에 대항하고 국제적인 공동예약 시스템을 형성할 수 있으며, 호텔경영의 독립성을 유지하고 공동광고 전개 등으로 판매의 증진을 도모 할 수 있다.

② Lease Management Hotel

임차경영 호텔이란 토지 및 건물의 투자에 대한 자금조달 능력을 갖추지 못한 호텔기업이 제3자의 건물을 계약에 의해서 임대하여 호텔사업을 운영하는 경우이다. 일본의 경우 이를 tenant방식이라고 한다.

미국에서는 스타틀러의 직영호텔 건설에 따른 체인전개 속도가 너무 느리기 때문에 이 같은 경영방식이 스타틀러 이후 적용되었다. 임대차계약의 기본적인 형태는 건물의 가구, 비품에 대한 투자는 호텔기업이 부담하고 임차료는 사전에 결정된 일정액을 소유주에게 지급하는 것이다.

임대차경영의 장점으로 호텔기업 측면에서는 별도의 과다한 호텔건설 비용을 들이지 않고 제3자의 건물을 임대하여 호텔경영을 할 수 있는 장점을 가지고 있으며, 건물소유주의 입장에서는 영업실적에 관계없이 고정된 임대료 수입을 보장받는 장점이 있다.

4) Affiliation Hotel

단독경영호텔 간의 업무제휴를 통하여 서로의 경영노하우를 공유하는 형태로서 우리나라에서는 신라호텔과 일본 오쿠라호텔이 대표적 사례이다.

5) Budget Hotel

버짓호텔은 저렴한 여행경비에 민감하게 반응하는 여행시장계층을 겨냥한 상품으로 저품질의 저급호텔이 아닌 비용이나 원가절감을 통해 고도의 표준화가 이루어진다. 시설수준은 중급호텔 수준으로 고급화하면서도 시설의 종류나 서비스의 수준면에서는 극도로 단순화하는 것이다.

시설투자를 숙박기능 수행에만 필수적인 시설로 제한시킴으로써 비용이나 원가발생 요인을 통제하는 것이다. 따라서 버짓호텔은 외형상 기존 호텔들의 호화롭고 장식적인 요소를 배제한다는 것이다. 이와 같이 사전에 낭비요인의 제거가 가능하므로 버짓호텔은 동일지역에 있는 중급호텔 객실요금의 약 30% 정도 저렴한 가격으로 영업할 수 있기 때문에 여행자에게 차별화된 객실상품으로서 시장진입을 할 수 있게 되었다.

6) 새로운 형태의 호텔경영방식

여행객은 순수 비즈니스 목적을 띤 고객과는 달리 숙박비가 저렴하면서도 시설이 깨끗한 소위 말하는 중 · 저가의 호텔을 선호한다. 고령화로 인한 노년층의 증가는 건강센터의 역할을 하면서 동시에 숙박의 기능도 갖춘 복합시설물을 선호한다.

우리나라의 경우 물 좋고 한적한 전원지에 노인을 위한 실버타운이 활성화 되고 있으며 모든 객실이 초호화로 꾸며진 곳들과 부대시설이 최고급으로 지어진 올 스위트 호텔이 있다.

① 중·저가 호텔

중·저가 호텔은 Bed & Breakfast Inns라고 일컫는데 영국 아일랜드지역에서 매우 인기가 있으며, 고객의 대부분은 순수여행객이며, 1인당 여행지출비용이 많지 않은 여행객이다.

객실구조도 일률적으로 똑같지 않고 여행객들의 규모에 따라 객실구조도 달리하여 단체고객인 경우 객실구조가 넓다.

② 노인치료 및 요양센터

현직에서 은퇴한 많은 사람들은 자신의 건강을 정기적으로 검사하면서 놀이 시설을 갖춘 복지시설을 상당히 선호한다. 많은 호텔들이 서비스가 뛰어나고 객실의 인테리어가 호화스러운 호텔을 추구하기보다는 노인층을 위한 호텔들이 들어서면서 이러한 형태의 숙박시설에 헬스클럽, 은행, 도서관 등의 시설을 완비하고 투숙하는 동안 자신의 건강을 체크할 수 있는 건강검진센터를 별로도 운영한다.

③ 초호화 호텔(all-suite hotel)

호텔객실요금이 비싸고 또한 부대시설 요금도 비싼 호텔로 고객층이 비즈니스 여행을 자주 떠나는 비교적 소득수준이 높은 고객층을 겨냥해서 지어진 호텔이다.

객실 내에는 비즈니스 여행객을 위한 인터넷 서비스가 이루어지며, 각 객실에는 첨단장비가 갖추어져 있어 모든 시설을 이용할 수 있도록 하였다. 가장 대표적인 호텔로는 Fourseason Hotel이 있다.

④ 호텔경영의 특성

* 인적 서비스의 의존성

호텔이라는 건축물 내에는 물적서비스가 중요하게 작용하지만, 그보다 인적서비스의 역할은 매우 중요하다. 제조업과 달리 호텔은 고객이 제품의 물적 품질인 시설, 음식 등의 만족에만 그치지 않고 반드시 친절한 직원의 인적서비스가 수반되어야만 제품을 구매하는데 영향을 미친다. 즉, 직원의 서비스는 고객에게 매너, 행복, 즐거움, 추억 등의 무형적인 상품을 판매하는 역할을 하게 되기 때문에 타 산업에 비해 호텔산업에서의 직원의 역할은 매우 중요하다.

'호텔은 단 한 가지 판매할 것이 있으니 그것은 바로 서비스이다. 보잘 것 없는 서비스를 판매하는 호텔은 보잘 것 없는 호텔이며, 훌륭한 서비스를 판매하는 호텔은 훌륭한 호텔이다. 이 세계에서 가장 나은 서비스를 고객에게 판매하고자 함이 곧 스타틀러호텔의 궁극 목표이다.' -스타틀러호텔 서비스 규약-

'A hotel has just one thing to sell. That one thing is service. The hotel that sells poor service is poor hotel. The hotel that sells good service is good hotel. It is the object of the Hotel Startler to sell its guest the very best service in the world.' -Startler Hotel Service Code-

* 다양한 고객욕구에 따른 서비스의 다양성

과거 호텔의 기능은 숙박과 음식만을 제공하는 단순한 기능이었지만, 고객의 욕구가 다양해지고 고객층 또한 다양해짐에 따라 숙박과 음식을 제공하는 기능 이외에 호텔의 청결, 위생과 안락함 그리고 최상의 시설제공과 동시에 비숙박객에게도 개방되는 준공공장소(quasi public area)로서 레저와 문화의 중심 기능이 추가되었다.

특히 호텔 서비스 중에서 매출액의 90%이상을 차지하는 객실과 식음료 서비스의 고객 유형을 보면 특1급호텔 객실 이용객의 상당수가 외국인으로 이에 따른 각 국가의 민족성, 국민성, 호텔이용목적에 따른 서비스가 다양하게 이루어져야 한다.

* 짧은 서비스 접촉시간

교육 및 은행서비스와 같이 고객과 수개월 혹은 수년에 걸쳐 충분한 시간을 가지고 서비스가 고객에게 제공되지만, 호텔서비스는 고객에게 충분한 호텔서비스를 인식시킬 수 없다는 점이다.

더욱이 식음료 서비스의 경우 수 시간에 지나지 않기 때문에 서비스를 제공하는 시간적 접촉면에서 더욱 제약을 받게 된다. 이러한 점을 극복하기 위해서는 지속적인 제대로 된 교육과 친절한 서비스 마인드를 가진 직원의 인적 서비스가 매우 중요하다고 볼 수 있다.

* 무형성

호텔의 인적 서비스는 그 자체로 무형재로서 일반제품과 같이 윤곽이 뚜렷하지 않기 때문에 서비스 제공자의 융통성이 개입될 가능성이 많다. 호텔의 인적서비스에 대한 고객의 평가는 직원이 고객을 영접할 때부터 환송할 때까지의 전체과정에서 이루어지는데 이러한 서비스가 고객의 지각에 큰 영향을 미칠 수 있다.

직원의 매너, 친절 등은 만질 수 없고, 서비스를 제공받는 그 순간에만 느낄 수 있는 것이기 때문에 무형성을 지닌 인적 서비스는 상품의 가치를 결정짓는 데 중요한 역할을 한다.

* 비저장성(소멸성)

객실상품의 경우 저장은 24시간으로 제약되어 있으며, 식음료 상품의 경우 고객의 주문에 의해서 생산되고 미리 음식을 만들어 판매할 수 없다는 특성을 가지고 있다.

이러한 비저장성이라는 특성 때문에 제조업에 비해 약점으로 작용한다. 이를 극복하기 위해서는 사전 예약제도를 통하여 비저장성의 한계를 극복하도록 해야 한다. 즉, 예약부서의 역할이 중요하다. 판매기간 및 공간이 제한되고 일반상품처럼 재고가 불가능 하므로 당일에 판매되지 못하면 소멸해 버리고 만다.

* 생산과 소비의 동시성

호텔서비스는 서비스 제공자와 고객이 서비스 과정에 함께 참여하는 상호작용에 의해 서비스의 생산과 소비가 동시에 이루어진다. 일반제조업과 달리 호텔 식음료의 경우 미리 만들어 놓을 수 없기 때문에 고객의 주문에 의해서 생산이 가능하고 소비 또한 그 장소에서만 이루어지게 된다.

따라서 고객의 제품에 대한 평가도 제조업의 경우 오랜 시간 그 제품이 수명을 다할 때까지 사용하고 난 후에 제품을 평가하지만, 호텔의 식음료의 경우 그 자리에서 바로 평가되기 때문에 철저한 준비와 서비스가 요구되는 특성을 가지고 있다.

* 노동집약적 산업

일반제조업의 경우는 기계화, 자동화로 인하여 이제는 노동력의 필요성이 점차적으로 줄어들고 있지만, 호텔산업의 경우 직원의 서비스가 호텔산업에 중요한 역할을 담당하기 때문에 아무리 과학이 발전하여도 기계에만 전적으로 의존할 수 없으며, 직원의 노동력이 반드시 필요하기 때문에 타 산업에 비해 노동집약적 특성을 가지고 있다.

그러므로 생산과정에 잠재적 변동성이 많아 서비스 생산의 일관성 유지가 어려우며 동일한 서비스 품질의 유지가 곤란하다. 서비스 제공자의 제공능력에 따라 각기 다른 형태로 고객에게 지각될 수 있기 때문에 일반제품과 달리 규격화, 표준화, 단순화 하는데 한계가 있다.

* 이질성

제조업의 경우 제품의 성능, 디자인 등에 따라서 고객의 만족도가 비슷하게 나타나지만, 호텔서비스는 동일한 서비스제공자에 의해 생산되는 서비스 내용도 품질 표준의 일관성이 유지되기 어렵고, 동일한 고객에게 똑같은 내용의 서비스가 제공된다고 해도 시점에 따라 고객은 자신의 주관적인 기준에 따라 서비스를 지각하기 때문에 서비스 평가는 다르게 나타날 수 있다.

* 비이동성

호텔상품은 고객이 직접 호텔에 방문하여 상품을 구매하지 않으며 판매가 이루어지지 않는 특성이 있다. 즉, 호텔이 제공하는 주된 상품인 객실, 식음료, 그 밖에 시설을 통한 서비스는 고객이 반드시 호텔에 있는 곳으로 이동해 올 때에 이루어진다. 이러한 제약 때문에 호텔의 초기건설시 위치를 신중하게 결정하여 고객이 쉽게 방문할 수 있도록 하여야 한다. 호텔산업은 한곳에서 장기간 비즈니스를 해야 하는 사업으로 시간이 흘러도 영향을 덜 받는 상권 위치를 확보하여야 하므로 이러한 점을 고려하여 건설하여야 한다.

* 계절, 요일, 시간별 변동이 큰 수요

한국은 사계절이 구분되어 있는 특성으로 인해 성수기와 비수기의 구분이 명확하다. 즉, 호텔은 계절과 요일, 그리고 하루 중의 시간대에 따라 수요의 변화가 크다. 성수기에는 객실공급이 절대 부족하고 비수기에는 호텔상품을 저장해 놓을 수가 없기 때문에 수지의 불균형을 초래하기 마련이다. 때문에 성수기, 비수기에 따른 수요를 평준화하고 촉진시키는 방법으로 효율적인 마케팅과 경영기업이 절실히 요구된다.

* 높은 고정비 지출

기업에 있어서 고정비와 변동비 중 고정비의 지출은 운영상황에 따라 움직일 수 없는 항목이다. 변동비는 신축성 있는 항목으로 조절할 수 있지만, 고정비는 감가상각비, 노무비, 보험료 등의 고정비 지출로 인해 어려움이 나타날 수 있다. 특히 호텔의 경우 인건비의 상승으로 인한 부담으로 대고객 서비스에 크게 문제가 없는 경우에는 아웃소싱을 실시하여 인건비를 축소하고 있다. 호텔상품의 특성상 수백개의 객실에 단 한사람의 고객이 투숙해도 전기, 수도, 난방을 가동시켜야 하며, 서비스요원, 안전요원 등이 모두 근무해야 한다. 따라서 이에 따른 고정비적 성격의 비용지출이 일반기업에 비해 호텔의 경우 상대적으로 높다.

* 고정자산의 투자비율이 높고 자본회전율이 낮다

호텔시설 자체가 하나의 상품이기 때문에 다른 산업과 같이 부분적, 연차적으로 투자가 어렵고, 호텔의 시설은 건물을 세우고 내부시설과 비품 및 집기 등의 모든 시설을 갖추고 있어야 하므로 초기의 투자가 타 산업에 비해 매우 높다. 호텔은 건물이나 시설의 비중이 총투자액의 80-95%가 되므로 고정자산의 투자가 높아서 유동자산의 활용도가 낮아 자본의 회전속도에 대한 이익률이 낮다.

따라서 대다수의 호텔은 영업이익이 단시간에 신장되지 않으므로 고정경비의 억제 등 여러 가지 마케팅을 고려하여야 한다.

＊ 직원에 대한 의존도가 높아 노무비의 비중이 큼

호텔은 인적 서비스의 역할을 기계화할 수 없는 어려움으로 다른 일반 생산시설에서는 기계화 및 자동화로 원가절감을 통한 수익향상이 가능하지만, 호텔은 고객이 질적인 만족을 원할수록 잘 훈련되고 교육받은 직원에 의해 상품이 생산되고 판매된다.

따라서 호텔기업에 있어서는 서비스의 기계화나 자동화는 경영합리와의 입장에서 제약을 받게 되고 인적자원인 직원에 대한 의존도가 자연히 높아지는 것이다.

＊ 시설의 조기 진부화 및 노후화

호텔시설은 상품 자체가 건물과 설비로 이루어지고 있으므로 이를 이용하는 고객들에 의해 쉽게 그리고 빨리 훼손되거나 파손되기도 하고, 유행의 회전속도가 빠르므로 쉽게 시설의 노후화가 온다. 결과적으로 상품의 경제적 효용가치가 가속하여 상실되는 것이다. 그러므로 경제적 가치 내지 상품으로서의 효용가치의 상실에 따른 수익성 저하를 예방하기 위한 주기적 개·보수가 요구된다.

＊ 비생산적인 공공장소의 필연성

인류문명이 발전함에 따라 호텔의 기능도 단순적 기능에서 탈피하여 공공장소로서의 기능으로 변화하고 있다. 급변하는 시대적 필요성에 변화하지 못하는 호텔들은 도태되어 왔으며 경쟁력을 갖춘 호텔들만이 발전을 거듭하고 있다. 어쩌면 호텔기업이 스스로의 생존을 위해 영업형태의 변화를 꾀하여 왔다고 할 수 있다. 수익창출면에서 Lobby나 조경 등은 비싼 지대 및 건축설비를 감안했을 때 만들 필요가 없으나, 호텔시설 자체가 상품의 역할을 하는 특성을 가지므로 더 좋은 상품으로 포장하기 위해서는 필수불가결한 것으로 그만큼 수익창출면적이 줄어들게 되어 수익성을 감소시키는 요인이 되고 있다.

특히 호텔의 Lobby는 호텔의 이미지를 결정짓는 시설상의 요소 중 중요한 부분을 차지하고 있고, 호텔의 모든 방문객들은 반드시 호텔로비를 통할 수밖에 없으므로 로비의 중요성 때문에 호텔건축시 상당한 비용을 투자하고 호텔의 예술적 감각을 고려하여 건설하게 된다.

* 연중무휴의 영업

호텔은 시설 및 인적 서비스를 복합한 상품을 연중무휴로 찾아오는 고객에게 판매하는 기업이다. 호텔의 이용객은 자기 집을 떠나거나 즐기고자 하는 사람들로서 낮에는 고객에게 각자 취미를 만족하게 즐길 수 있도록 서비스를 제공해야 하며, 밤에는 고객의 생명과 재산을 보호하는 등 하루 24시간 무휴의 영업을 한다. 이러한 고객의 특성으로 한순간도 쉴 수 없는 연중무휴의 운영을 계속하는 특성을 가지고 있다.

* 기계화의 한계성

아무리 과학문명이 발달하고 기계화 된다 해도 호텔산업에서는 모든 것을 기계로만 고객에게 만족시킬 수 없는 것이 특성이다. 호텔산업이 최고로 추구하는 서비스는 기계가 모두 담당할 수 없기 때문이다. 인간의 섬세함, 친절, 미소, 감정적 부분에 있어서 기계가 할 수 없고 오직 인간만이 가능한 일이기 때문이다. 호텔기업은 인적 서비스의 판매가 커다란 하나의 제품으로 간주되는 특수성을 가지고 있다. 인간의 정성스러운 서비스 분야나 세심한 고객관리는 기계화가 사실 불가능하다.

* 환경영향의 민감성

호텔산업은 호텔 자체의 상품경쟁력에 고객이 민감하게 반응하기도 하지만, 상품의 경쟁력이 아무리 좋다 하더라도 국내외 환경변화에 민감하여 호텔영업에 큰 영향을 미친다.

특히 국내 · 외의 정치, 경제, 전쟁 및 질병에 따른 국제 · 국내 간의 왕래는 현저하게 감소되는 것을 볼 수 있다. 즉 정치 · 경제 · 전쟁과 질병 또는 테러 그리고 자연재해와 같은 사회적인 불안요인은 곧 사회적 혼란으로 관광객의 신상을 불안하게 하여 이동이 감소하는 현상을 초래하게 된다. 따라서 호텔산업은 타산업보다 사회적 환경요인에 상당히 민감한 영향을 받는다고 할 수 있다.

＊ 부서간의 업무협조

호텔은 최상의 상품을 만들기 위해 각 부서간의 상이한 업무에 서로 역량을 발휘함으로써 고객에게 최고의 상품을 제공하여야 한다. 한 명의 고객에게 최상의 서비스를 제공하기 위해서는 각자가 담당하는 업무와 함께 부서 간의 긴밀한 업무협조 체계가 이루어져야만 고객이 만족할 만한 서비스가 이루어 질 수 있다. 즉, 객실부서는 고객에게 청결하고 안락한 객실상품을 제공하기 위해 하우스키핑 부서에서는 객실 정비를 철저히 준비하고, 준비된 상품은 프런트데스크에서 고객이 원하는 객실을 인적 서비스와 함께 제공해야 하며, 도어맨은 고객의 도착과 출발에 있어서 영접을 담당하여야 하며 제공된 객실은 벨맨의 친절한 안내와 호텔 내·외적인 정보를 제공하여야 하는 것이다. 또한 식음료부서에서는 고객에게 제공할 음식을 준비하기 위해 관리부서인 구매부서에서는 식자재 구매, 검수, 관리를 조리부서에서는 식자재를 이용한 음식을 조리하고 식음료부서에서는 고객에게 제공하게 되는 것이다. 즉 한 명의 고객에게 서비스를 위해서는 다양한 직업군이 모여서 각자의 역량을 발휘하고 서로 협조하여야만 최상의 서비스를 제공할 수 있다는 것이다.

＊ 공공성

호텔직원들은 민간외교관으로서의 긍지와 그들의 기본적 사명감 및 인간의 도의와 양심을 강조하는 호텔의 공공성을 깊이 인식한 서비스맨이 되어야 한다. 호텔은 다양한 국가의 다양한 분야의 사람들이 찾아오는 곳이다. 또한 국제적 행사가 개최될 때에는 더욱 그러하다.

이러한 다양성을 지닌 고객들에게 최상의 서비스를 제공하고 우리나라를 제대로 알릴 수 있는 역할을 하는 국가적 사명감을 가지고 있어야 한다는 것이다.

다. Hotel의 분류(Classification)

1) 규모에 의한 분류

① 소규모

② 중규모

③ 대규모

2) 장소에 의한 분류

① City Hotel

② Resort Hotel

③ Terminal Hotel

3) 숙박목적에 의한 분류

① Commercial Hotel

상업호텔(Commercial Hotel)은 경영회사가 집중적으로 모여 있는 대도시나 시내에 주로 위치하며 상업을 목적으로 여행하는 고객이 주로 이용한다. 타 호텔보다 고객의 체제기간이 상대적으로 짧기 때문에 과거에는 transient hotel이라고 도 불리었다. 고객의 특성에 의하여, 무료신문, 모닝커피, 시내전화, 케이블 TV를 제공하고, 대부분 컨퍼런스룸, 스위트룸, 연회서비스를 비롯하여, 세탁, 유니폼, 컨시어지, 소매점 서비스를 제공한다. 국내의 경우, 서울힐튼, 서울하얏트, 서울롯데, 서울인터콘티넨탈 호텔 등 대부분의 서울소재 특1등급 호텔이 이에 속한다.

자료 : 왼쪽부터 인터컨티넨탈호텔, 서울롯데호텔, 하얏트호텔, 힐튼호텔이고, 각 호텔의 홈페이지에서 참조하였음.

【그림 4-1】 상용(Commercial Hotel)

② Airport Hotel

1950년대 말 제트엔진이 소개되기 전 항공여행은 거의 존재하지 않았다. 항공여행이 자유로워진 1960년 이후, 상용고객, 연기나 취소된 여객손님을 대상으로 공항호텔(Airport Hotel)이 등장하였다. 일반적으로 공항호텔(Airport Hotel)은 상용고객의 시간을 고려하여 공항에서 접근용이한 곳에 위치하고 있다. 이러한 호텔의 특성으로 인해 항공사 승무원 내지는 천재 · 지변이나 불의의 사건으로 잠시 체류하는 경우 stopover 승객들이 주로 이용하는 경향이 있다.

③ Suite Hotel

이 호텔형태는 숙박산업에서 가장 빨리 성장하고 있는 분야이다. 구성형태는 분리된 침실과 거실(가끔 부엌시설도 제공)로 이루어져 있다. 특징적으로, 개인공간을 더 할애하면서 동시에 경쟁력 있는 가격을 제시하기 위해 라운지와 같은 공공지역을 최소화하고 있다.

또한 영업전략의 차원에서, 고객의 체제기간을 연장하기 위해 무료 리셉션 파티 같은 것을 개최함으로써 사교기회제공하기도 한다.

④ Residential Hotel

주로 독신을 위한 장기 및 종신 숙박서비스 제공하며, 최근 들어 대중화되지 못하고 콘도나 스위트호텔로 변환하게 되었다. 가끔 손님은 법적 차가인(借家人)으로 간주되기도 한다.

⑤ Resort Hotel

주로 교외나 한적한 곳에 위치하며 환상적인 자연경관, 인공적 시설 그리고 댄스, 골프, 승마, 수영, 등산, 스키 등과 같은 다양한 레크리에이션 활동을 제공한다. 대부분의 리조트 방문고객들은 그러한 서비스를 제공받기 위해 상당한 비용을 지출하는 경향이 있다. 우리나라의 대표적인 리조트 휴양지인 제주도에 있는 특1등급 리조트 호텔이 [그림 4-2]에 잘 나타나 있다.

자료 : 왼쪽부터 제주 롯데, 제주하얏트, 제주신라이고, 각 사진은 홈페이지에서 참조하였음.

그림 4-2 리조트호텔의 사례

⑥ Time-Share & Condominium Hotel

이러한 숙박형태는 숙박시설에 대한 소유권을 구매(주로 1~2주 정도)하는 것으로, 일반적으로 리조트 지역에 많이 있다. 국내에서는 '콘도'라는 이름으로 소개되고 있다. 두 숙박시설은 일정기간의 소유권을 구매한다는 점에서는 유사하지만, 소유권의 형태에 따라 차이가 나타난다. 먼저 시분할호텔(Time-Share)은 1객실에 여러 명의 소유주가 있지만, 콘도미니엄 호텔(Condominium Hotel)의 객실은 1명이 소유하는 것이다.

경영형태는 객실임대에 대한 수익은 운영자가 받고 경영회사에게는 광고, 하우스키핑, 유지서비스를 위해 지불한다.

⑦ Conference Centers

콘퍼런스센터(Conference Centers)는 순수한 단체회의를 위해 고안된 형태의 숙박시설이다.

성공적인 콘퍼런스가 필수과제이므로 장비 및 기타 필요한 서비스를 철저히 구비하고 있다. 그러나 콘퍼런스센터는 반드시 대도시에 위치하고 있지 않고, 최근 들어 가족을 동반해 다목적 여행을 많이 추구하는 것으로 나타나고 있다. 일반적으로 콘퍼런스센터에 있는 숙박시설의 60% 이상은 콘퍼런스 개최 및 참가를 목적으로 하는 고객들에 의해 점유된다. 또한 콘퍼런스호텔 상품은 객실 뿐 만 아니라 식사와 기타 서비스까지 함께 풀패키지로 제공되는 경향이 있다. 제너럴모터스나 굴지의 통신회사와 같이 대기업이 자체 세미나나 연수를 위해 콘퍼런스 호텔을 소유하여 운영하기도 한다. 요즘은 많은 대학들도 콘퍼런스 기능을 할 수 있는 시설을 갖추고 있어 소규모 조직과 기관들이 저렴하게 활용하기도 한다.

⑧ Casino Hotel

카지노호텔은 리조트호텔의 한 분파로 여기므로 리조트의 개념을 많이 도입한 것으로 유명 휴양관광지에 발달한 형태이다. 카지노는 사회적으로 부작용을 갖고 있음에도 불구하고 높은 고용효과와 관광객 1인당 소비지출액을 증가시키고 체재기간을 연장시키는 효과가 있다. 또한 중앙 및 지방자치단체에게 재정수입을 창출시키는 긍정적인 효과가 있다. 그래서 자연관광자원이 빈약하거나 전무한 곳에서는 이러한 사업을 고려해 볼 만하다. 한국카지노업관광협회가 발표한 자료에 의하면 2001년도 우리나라 카지노 업계에서는 약 4천억원의 매출을 발생시킨 것으로 보고되고 있으며 그 중 서울지역 한 곳의 카지노 업체가 총매출의 약 55%를 차지한 것으로 나타났다.

자료 : 왼쪽부터 라스베이거스의 미라지호텔, 윈저카지노호텔, 보울더스테이션 카지노 호텔, 자료는 각 호텔의 홈페이지임.

그림 4-3 카지노 호텔의 사례들

⑨ City Center Hotel

⑩ Freeway Hotels and Motels

⑪ Convention Hotels

⑫ Full-Service Hotels

⑬ Economy/Budget Hotels

⑭ Boutique Hotels

⑮ Extended-Stay Hotels

⑯ All-Suites Extended-Stay Hotels

⑰ Condotels

⑱ Mixed-Use Hotels

⑲ Bed and Breakfast Inns

2 호텔의 기능

호텔의 기능은 다음과 같이 전통적 기능과 현대적 기능으로 나누어서 볼 수 있으며, 이는 호텔의 정의를 함에 있어서 논한 바와 같이, 호텔의 기능확대를 중점으로 논의될 수 있다. 호텔의 기능을 〈표 4-1〉과 같이 분류하여 나타낼 수 있다.

표 4-1 호텔의 기능

전통적 기능	현대적 기능
① 수면 ② 음식 ③ 생명 및 재산보호 ④ 만남과 집회의 기능	① 숙박 및 식음료 서비스 기능 ② 비즈니스 서비스 기능 ③ 스포츠 & 레저 기능 ④ 문화서비스 기능

3 호텔의 업무

가. 조직의 사명

호텔조직 목적의 목적은 직원 및 부서간의 관계를 검토하고, 직원 및 부서의 기능이 호텔의 사명에 기여하는 방법을 규명하기 위한 것이다. 우선 호텔은 조직이 존재해야 하는가에 대한 당위성이 나타나 있는 '조직의 사명(Mission Statement : MS)'을 규명하는 것이 원칙이다. 여기에는 호텔정책에 대한 의미와 방향을 담고 있는 기본철학이 제시되고 있다. 조직의 사명은 고객, 경영, 직원에 대해 다루어야 한다. 우선 고객의 욕구와 기대에 부응해야 하는데, 고객의 주요 욕구와 기대는 안전과 보안, 청결하고 편안한 객실, 정중하고 전문적이고 친절한 서비스, 잘 갖추어진 시설 및 장비로 요약될 수 있다. 조직의 사명에는 경영철학도 담고 있어야 하는데, 이는 호텔마다 운영 스타일이 다르나, 호텔의 기본가치를 규명하면 지배인의 역할을 알 수 있다. 예를 들어 어느 호텔의 경영철학으로 "팁을 요구하지 않는 것이 우리의 긍지다(No tipping is our pride)"라고 정할 수도 있을 것이다. 마지막으로 조직의 사명은 고객과 경영을 만족시킬 수 있도록 직원을 돕는 내용이 포함되어야 한다. 구체적인 업무특성과 표준업무절차에 관한 내용이 직원지침서와 교육메뉴얼에 나타나 있어야 하며 업무에 대한 기술도 빠뜨려서는 안 될 것이다.

어느 호텔의 MS에 관한 사례

저희 호텔의 사명은 고객에게 양질의 숙박시설과 서비스를 제공하는 것입니다. 호텔은 개별 상용고객과 여가 및 단체회의를 목적으로 한 여행객을 모십니다. 저희 호텔은 높은 수준의 객실과 식음료 서비스를 제공하는데 가치를 두고 있다고 고객 여러분에게 강조하고 싶습니다. 저희는 저희 주주에게 공정한 투자수익을 제공하고 이러한 것들은 우수하고, 의지가 있고 열정적인 직원 없이는 불가능하다는 것을 잘 알고 있습니다.

▶ 주요목표(Objectives)
- 주요목표는 사명보다 더 구체적이고 측정 용이

▶ 주요목표(예제)
올해 평균객실점유율을 작년수준 보다 2% 더 증가
상용 재방문객을 10% 더 증가
- 체크인 및 체크아웃 시간으로 2분 단축
- 고객불만을 20% 감소
호텔의 다른 부서들은 프런트의 주요목표을 달성할 수 있도록 협조함
부서간 주요목표 뿐만 아니라 전체 주요목표도 명시

▶ 세부목표와 전략(Goals & Strategies)
- 세부목표 : 부서가 달성해야 할 세부조항
- 전략 : 목표를 달성하기 위한 방법

▶ 세부목표(예제)
- 하우스키핑 : 25%이하의 이직률을 유지하며 운영
- 식음료 : 전체 수익중 30%의 수익 달성
- 인사부 : 인력이 필요한 자리에 적어도 3명의 자격을 갖춘 지원자를 확보
- 판촉부 : 고객 15% 이상 확보

▶ 전략(예제)
- 하우스키핑 : 직원의 관심사를 알아보기 위해 미팅 가짐
- 식음료 : 공급자로부터 가장 싼 가격을 주별로 검토
- 인사부 : 학교, 국가 고용 사무소, 훈련기관 같은 인력공급원을 파악
- 판촉부 : 지방 상공회의소와 접촉

나. 호텔조직

모든 조직은 그들의 사명과 목표를 달성하기 위해 형식적이고 구체적인 조직구조를 요구한다. 호텔은 초기비용과 인건비가 높은 관계로 조직이 효율적으로 운영되지 않으면 수익을 발생시키기 매우 어려운 사업이다. 또한 효율적인 업무와 대고객서비스를 제공하기 위해서도 잘 짜여진 조직은 매우 중요하다고 볼 수 있다.

1) 조직도표(Organizational Chart)

- 직선 : 직접적으로 연락을 취할 의무를 가짐
- 점선 : 상호협동 및 커뮤니케이션

- 유동성 : 매년 검토하고 수정(특히 호텔사업 상황에 상당한 변화가 발생할 때) 조직구조는 각 호텔 특성에 잘 부합되어야 함

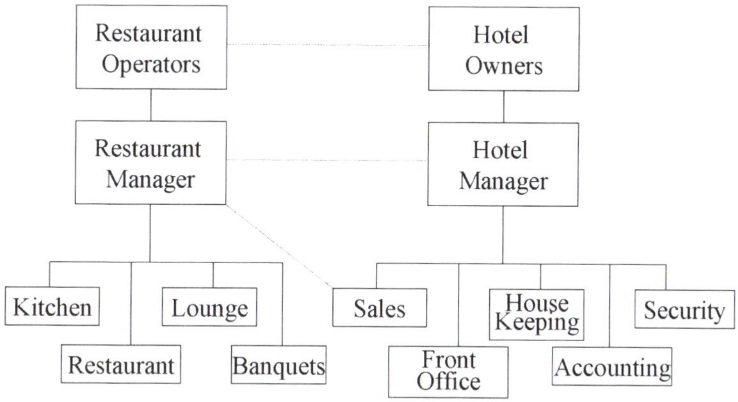

그림 4-4 호텔조직 기구표

2) 프런트오피스

호텔은 크게 고객을 직접 대면하는 프런트 오브 더 하우스(Front of the House)와 회사업무가 원활히 수행될 수 있도록 보이지 않는 곳에서 근무하는 백 오브 더 하우스(Back of the House)로 구분된다. 프런트오피스는 프런트 오브 더 하우스에 포함되며 주로 객실업무를 담당한다. 프런트오피스 직원이 유니폼을 착용하는 것은 고객과 쉽게 구분되어 고객이 종사원을 용이하게 발견하도록 하기 위함이고 정식적인 자세도 고취시키는 기능을 한다. 과거에는 유니폼이 고객을 압도하지 않도록 하기 위해 화려한 디자인이나 색상은 피하였지만, 요즘은 그러한 것도 고객의 시각을 즐겁게 하므로 추세가 바뀌었다고 할 수 있다. 프런트오피스는 호텔의 중추기능을 담당한다. 직원간의 원활한 의사소통은 팀워크에 있어서 매우 중요한데, 프런트오피스가 커뮤니케이션의 중앙에 있으므로 조직의 수뇌부라고도 부른다. 프런트오피스는 객실판매, 고객등록, 객실할당, 고객 서비스 조정, 호텔 및 각종 관광에 대한 정보 제공, 정확한 객실상황에 대한 정보 보유, 고객회계보유와 신용에 대해

관찰, 고객계산서 발행 및 재무처리 기능을 한다.

프런트오피스는 크게 도어데스크(Door Desk), 벨데스크(Bell Desk), 프런트데스크(Front Desk), 예약(Reservation), 교환(PBX : Private Branch Exchange), 당직지배인(Duty Manager)으로 구성된다. 도어데스크는 고객이 호텔에 도착했을 때 맨 처음 영접하는 직원이다. 이들은 손님이 안전하고 편안하게 하차할 수 있도록 도와주고 손님의 수하물을 차량에서 신속하고 안전하게 내린다. 또한 벨데스크 직원으로 하여금 고객을 프런트데스크까지 안내하도록 하고 수하물을 착오없이 이동시키도록 요청한다. 그러면 프런트데스크 직원중 리셉셔니스트는 벨데스크 직원에 의해 인도된 손님을 환영하고 그(녀)의 예약상황을 확인한다. 고객의 이름과 기타 내용이 프린트된 등록카드가 미리 준비되어 있으면 확인 및 사인케 하고 빨리 투숙시킨다. 이때 지급방법이 중요하므로 반드시 확인해야 한다. 대부분 신용카드로 지급하게 되는데 호텔은 신원이 확실하지 않거나 단골고객이 아닌 경우 고객이 지급하지 않고 퇴숙하는 것을 고려하여 예치금(deposit)을 미리 확보해 두기도 한다. 객실이 배정되면 벨데스크 직원을 불러 고객을 객실까지 안내하도록 하고 벨데스크 직원은 객실내의 시설 및 기구 사용방법을 설명한다. 이 설명이 끝나면 고객이 직원에게 팁을 제공하는 것이 매너이다. 팁의 수준은 각자 재량껏 하는 것이겠지만, 굳이 묻는다면 호텔 객실료의 약 3-5%가 적정하다고 저자는 생각된다. 프런트데스크는 귀중품을 보관하는 곳(safety box)이 있는데, 많은 고객들이 객실에 배치되어 있는 금고가 제공되지 않거나 신뢰하지 못하는 경우 귀중품 보관함을 활용할 수 있다. 일반적으로 열쇠는 직원의 마스터키와 고객의 키가 같이 사용될 때 제대로 작동된다. 고객들은 많은 양의 현금이나 수표, 보석, 귀중한 문서 등을 보관한다. 벨데스크 직원은 우편물을 그리고 프런트데스크 직원은 메시지를 자주 처리하고 비록 사소한 것 같지만 고객 한분 한분에게는 매우 중요한 의미를 갖는 것이므로 신중히 다루어야 한다. 프런트데스크 근방에는 당직지배인 데스크가 위치하고 있는데, 당직지배인은 주로 당일 귀빈(VIP)의 방문상황을 점검하여 영접하고 빠른 체크인이 이루어질 수 있도록 한다. 또한, 예상치 못한 사건이나 고객의 불평을 신속하게 처리

해야 하며, 로비나 화장실 등 공공장소가 항상 청결히 유지될 수 있도록 점검해야 하므로 부지런히 돌아다녀야 한다. 그 외에 호텔의 배경음악(Background Music : BGM)을 처리하고 객실의 마스터 열쇠를 관리하고 야간 근무자를 지휘하고 감독하는 역할을 담당한다.

전통적으로 호텔업의 성공여부를 측정하는 수단으로 객실점유율(Occupancy Rate)을 자주 활용한다. 객실점유율이란 실제로 판매한 객실수를 판매가능한 객실수로 나눈 백분율이다. 따라서 다음과 같은 공식이 성립된다.

$$\text{Occupancy Rate}(\%) = \frac{\text{No.of Rooms Sold}}{\text{No.of Rooms Ready}} \times 100$$

객실점유율이란 통계는 야간 오디터(Night Auditor)에 의해 처리되고 우리나라 서울소재 몇몇 특1등급호텔들은 이러한 통계자료를 서로 공유하기도 한다. 나이트 오디터들은 다음날 방문할 고객들의 등록카드를 미리 준비해 놓는 작업을 하고 기타 새벽에 워크인(Walk-in)[3] 고객들을 처리한다.

〈Front Office의 주요 기능〉

- 체크인 업무
- 예약확인,
- 숙박등록카드 작성
- 객실 배정 및 key 제공
- 정보제공
- 체크아웃업무
- 금액정산업무
- 체크아웃 연장고객의 처리

3) 예약없이 방문하는 고객

- 환전업무
- 귀중품보관
- 야간 프런트
- 당일 객실현황 파악
- 취소(Cancellation : CXL) 및 노쇼(No-show)의 점검
- 최종 객실 판매의 판단과 처리
- 예약한 객실 형태가 부족한 경우
- 빈 객실이 없는 경우
- 객실영업보고서 작성
- Daily Room Report
- Daily Group Report
- Forecast Report
- 특별요금 및 무료 객실 현황 리스트

3) 예약(Reservation)

예약의 사전적 의미는 ① 미리 약속함 또는 미리 정한 약속. ② 법률적으로는 일정한 계약을 맺을 것을 미리 약속하여 두는 계약으로서 양자 간 신뢰의 출발점이라 할 수 있다. 호텔객실제품은 타 제품과는 달리 예약을 거치지 않고는 거의 판매가 불가능하다. 다른 일반제품의 경우 대개가 직접 그 제품을 보고 거래가 성립되지만 호텔제품 중 객실의 경우에는 신뢰와 편리한 시설, 훌륭한 인적서비스 등을 바탕으로 하여 예약에 의해 판매되기 때문이다. 호텔기업의 특성 중 하나는 연중무휴로 운영되어야 되며 장기적으로 지속적인 영업운영을 위해서는 책임있고 정확한 예약처리가 필요하다. 또한 저장이 불가능한(소멸성)특성으로 인해 예약관리(No Show[4), Cancellation, Over-booking[5)])는 객실 매출에 커다란 영향을 미치기 때문이다. 예

4) No-show : 예약을 하였으나 취소도 없고 나타나지도 않은 상태

5) Over-booking: 예약이 초과된 경우를 말함. 일반적으로 No-show나 CXL을 대비하여 실제 보유하고 있는 객실수보다 더 높게 예약을 받음

약은 숙박 희망자의 요청을 받아들여 숙박예약을 성립시키는 첫 번째 거래이다. 그리고 객실판매는 호텔에서 전반적인 영업실적을 크게 좌우하고, 식음료 및 부대서비스 상품판매와 밀접한 관계를 맺고 있어 호텔에서 매우 중요한 부분이다.

컴퓨터 예약시스템(CRM)이 도입되기 전에는 객실예약 부서의 업무는 단순히 판매가능한 객실의 정보제공에 불과하고 예약을 받는데 급급했지만, 컴퓨터시스템의 도입으로 객실판매에 대한 대부분의 권한이 객실예약실로 넘어갔다.

최근 인터넷과 국제적인 예약망의 도입과 확충, 인터넷의 보급과 발전 등으로 객실예약 업무의 중요성은 더욱 커져가고 있다. 이러한 이유로 최근의 호텔들은 객실예약부서를 호텔 내 마케팅 또는 판촉부서에 귀속하는 추세에 있다. 객실 예약에 있어서는 일단 일별, 요일별, 월별, 계절별 성수기, 비수기 등에 관한 예약사이클과 자료를 기준으로 고객예약을 예측할 수 있어야 하며 최근의 시장동향과 주변환경을 기준으로 객실예약을 잠재적으로 예측할 수 있어야 한다.

1) 예약업무
- 예약가능 확인
- 예약슬립(Reservation Card) 작성
- 전산입력
- 예약슬립의 분류 및 보관
- 객실 pre-assignment

2) 예약형태
- 보장성 예약
- 비보장성 예약

3) 예약의 종류
- 일반예약
- 회원예약
- 계약기업체 예약
- 여행사/단체 예약

4) 객실 예약의 조정
- 객실 예약의 확인
- 예약의 취소 및 변경
- 초과예약

5) 전화 교환실 업무
- 교환업무 수행
- 모닝콜 서비스
- 전화 문의에 대한 안내 업무

4) Executive Club

호텔 내 특별히 상용고객 및 귀빈을 위해 몇 개 층의 객실을 지정하여 운영하는 곳으로 executive club은 regency club, executive salon, towers, grand club, executive floor 등으로 다양하게 불리어지나, 그 의미는 VIP고객을 위한 전용 객실층을 말한다.

그 유래는 1960년대 미국의 자동차 도시 디트로이트에서 처음으로 그 명맥을 찾아볼 수 있으나, 그다지 세계적인 추세로 여겨지는 정도는 아니었으며, 당시의 상용여행자들을 위해 실질적으로 도움을 줄 수 있는 설비 및 서비스 등 비즈니스 여행자들을 좀 더 편리한 여건에서 업무를 볼 수 있도록 최대한의 편익을 제공하는데 심혈을 기울였다. 그러나 호텔사업의 특성화와 유용성 즉, 호텔고객시장의 전문화나 융통성 있는 호텔경영방식 등 executive club운영이 세계적인 추세로 활발히 추진되고 세계경제성장이 전반적인 호조를 이루던 1980년대 들어서 세계적 규모의 chain hotel에서 본격적으로 시작하였다. 우리나라의 경우 '86아시안게임' 및 '88서울올림픽'을 전후로 하여 세계인의 관심이 집중되면서 상용여행자의 입국이 빈번해졌고 그들의 기호를 최대한 만족시키기 위해 executive club 제도가 도입되기 시작하였다.

executive club은 호텔내의 호텔로 일반객실에 비해 전문화·차별화된 서비스로 전용 lounge로 운영하고 executive club 고객들만을 위한 등록 데스크 및 상주하고 있는 receptionist들이 서비스를 제공하여 모든 사무용 기기 등을 무료로 이용할 수 있으며, 아침식사, 차와 음료, 비서업무 등을 제공받을 수 있다.

Executive club이용고객의 특성은 대부분 F.I.T(foreign independent tourist) 즉, 개별여행객 들이며, 그 중에서도 비즈니스 목적의 여행자가 90% 이상을 차지하고 있다. 비즈니스 여행자들은 구매력이 높고 수요가 비탄력적이며, 일반 관광객들과 달리 업무차 여행을 하는 고객들이다. 이들은 대부분 관리직이나 전문직 종사자 들이며, 관광객에 비해 까다로운 성향을 가진 것이 특징이다. 또한 executive club 고객은 재투숙률이 상당히 높다는 특징이 있다. 호텔에 따라 조금씩 차이가 있지만 40-50%의 재투숙객의 비율이 나타나고 있다. 일반적으로 1년에 2-3회 이상 같은 호텔에 투숙하는 고객을 'repeat guest' 라고 하는데 executive club은 일반 객실보다 현저히 높은 repeat guest 비율을 갖는다.

우리나라의 경우 여성 비즈니스 여행자들이 꾸준히 늘어나고 있으며, executive club의 시설과 서비스는 여성고객들에게 특히 호평을 받고 있는 상황이다.

Executive club의 서비스 제공에는 신속한 체크인과 체크아웃 서비스이며, 각종 회의 관련 장비를 갖춘 회의실을 운영하고 있다. Executive club lounge는 고객들의 휴식 및 식사를 할 수 있는 장소로 이용되며 특히 아침식사의 제공과 차나 기타 음료 및 칵테일 등을 무료로 이용할 수 있다. 또한 각종 신문 및 매거진, 책자 등이 비치되어 있으며 고객의 편의를 위하여 각종 사무용 기기(fax, telex, xerox, personal computer)등 Business Conference Room에서는 비즈니스 업무에 필요한 장비를 준비하여 이용할 수 있도록 제공하고 있다.

5) 호텔 정보 시스템

호텔에 있어서 컴퓨터의 활용은 각 부문의 업무내용을 보다 신속하고 정확하게 많은 양의 업무를 일련의 장치로서 처리하게 되며, 매우 좋은 기능성을 가지고 있다. 또한 각종 정보나 자료를 일원화하여 컴퓨터에 수록하게 되는 기록의 통일성을 이루게 되었다. 최근에는 대부분 호텔이 오피스 부분에서는 reservation, registration, accounting, night audit, kcy 등에 소형 컴퓨터와 중앙선산처리기가 이용되고 있다. 호텔 내 컴퓨터의 활용이 필요로 하는 업무로는 front office 부문을 우선으로 급여, 인사, 노무, F&B, 경리, 판매부문 등 back office 부문에도 활용되고 있다.

일반적으로 호텔 정보시스템에는 2종류의 시스템으로 구성되어 있다.

첫째, POS system은 Point of Sales System이란 판매시점 정보관리시스템을 말하며, 한 영업장에서 발생된 각종 데이터가 매니저나 사용자가 원하는 시점에서 terminal, out-put report로서 즉시 집계 · 분석이 가능한 hotel front reservation시스템이다. 둘째, PBX system이다. Private Branch Exchange System이란 외부선과 접속되어 있는 전화의 자동화를 말하며, 호텔에서 통화의 신뢰성과 전화요금수납의 정확성을 기할 수 있다. POS system의 특성은 원가관리, 매출자료분석, payment관리가 용이하고, 고객별, 시간대별, 영업장 근무자별의 매출을 산출할 수 있어 영업의 활성화가 가능하다. 또한 빌 발생에 따른 회수 및 수납 서비스가 계산된다.

〈호텔정보시스템의 부문별 업무 분류〉

- Front Office

  예약(reservation)

  입숙 및 등록(check-in & registration)

  퇴숙(check-out)

  고객회계(guest accounting)

  경영정보(management report)

  객실정비(housekeeping)

  고객조회(on-line guest)

  고객관리(guest history)

  야간감사(night audit)

  미수금관리(account receivable)

- Back Office

  영업분석

  연회예약관리

  판촉고객관리

  인사관리

  급여관리

  회계관리

  자재관리

  여신관리

- Interface

  pos

  pabx

  mini bar

  room movie

energy management

key service

central reservation system

guest messaging system

vioce mail system

호텔정보시스템의 도입효과

Front Office System	Back Office System
• 예약등급에 의한 효율적인 객실관리 • no-show 분석 및 취소여부 파악으로 공실의 극소화 • 단골고객 분석에 의한 고객 관리 • Check-in시간 단축 및 정확성에 의한 서비스 향상 • 투숙객 현황 항시 파악 가능 • 명세서의 계신, 김색 시간 단축 • 즉시 원장전기로 도난 방지 • Check-Out시 계산의 신속성, 정확성 • 각종 정보 업무의 신속성 • 전반적인 서비스 향상 • 의사소통의 개선 • 프런트 담당직원의 사기 앙양	• 현금 흐름의 즉시 파악 • 경영정보 제공으로 신속·정확한 의사결정 • 누적자료에 의한 경영분석 및 예측 • 정확한 원가관리에 의한 상품 경쟁력 향상 • 악성 미수금의 현황 수시 파악 가능 • 관리 효율의 증진 • 고객원장의 실시간 기록 • 강력한 내부 통제 가능 • 개선된 정보에 의한 합리적인 업무 관리 • 야간 감사 업무의 향상 • 포괄적인 경영보고서 산출 가능

6) Housekeeping

Housekeeping이란 원래 가사 즉 집을 관리하는 의미이지만, 호텔에서는 객실의 관리 및 객실부문에서 행하여지는 서비스 전반을 포함하며, 보다 넓은 의미로는 호텔의 옥상에서 지하실까지 공공장소를 포함한 전지역의 청결 유지 및 안전관리를 담당한다고 할 수 있다. 숙박객이 호텔에 기대하는 서비스는 쾌적한 거주성, 편리성 그리고 편하게 휴식을 취할 수 있는 내 집 같은 분위기가 조성되어야 한다. 청결성을 유지하기 위하여 완벽한 청소가 필요하며, 편리성을 확보하기 위해서는 설비, 가구, 비품류의 고장이나 불편함이 없도록 취급이나 점검을 철저히 하여 항상 완벽하게 정비가 되어야 한다.

즉, 하우스키핑 부서는 객실 판매를 위한 객실 생산을 하는 부서로 객실 유지 관리뿐만 아니라 호텔전체의 시설을 유지, 관리하는 부서이다.

〈House keeping 부서의 주요 업무〉

- 객실의 청소와 정리 정도
- 객실의 설비와 가구, 비품류의 정비
- 객실용의 린넨류, 소모품류의 저장과 관리
- 세탁서비스
- 분실물 서비스
- 공공구역의 청소 및 관리
- 고객불평사항 접수
- 객실의 유지 및 보수

7) 식음료

식음료 부문은 호텔의 주된 수입원이 되는 객실부문과 더불어 호텔 총매출액의 약40%에서 60%까지 차지하는 중요한 부문이다. 특히 우리나라의 경우 서울지역의 경우 호텔이 식음료 부문의 매출액이 높게 나타나고, 제주지역 같은 리조트 호텔의 경우 객실매출액이 높게 나타난다.

식음료 부문의 조직(Organization of Food & Beverage Department)은 각 부문별로 직원이 수행할 역할과 직무의 역할을 규정하고 있는데, 이는 직원의 능률적인 관리를 위한 수단이다. 일반적으로 식음료부문은 호텔의 경영방침이나 시설과 사업방향 그리고 규모에 따라 조금씩 달라지는데 식당부, 음료부, 연회부, 조리부로 나누는 경우가 대부분이다. 일반적인 호텔 식음료부문의 조직도 몇 가지를 보면 다음과 같다.

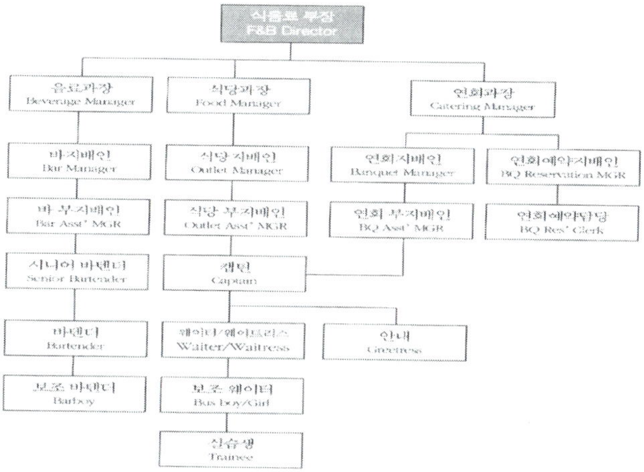

식음료 부문의 조직(Organization of Food & Beverage Department)

식음료란 음식(Food)과 음료(Beverage)의 합성어로서 고객에게 식욕을 충족시켜 주는 호텔의 중요한 상품이다. 과거 호텔의 식음료 업상은 객실 투숙객을 위한 부대시설로 인식되었다. 하지만 오늘날 식음료부문은 계속 성장추세에 있으며, 따라서 호텔기업은 사회적 변화와 경제적 성장, 국제화 그리고 세계화에 따른 국제교류의 활성화와 식생활 변화 등으로 인하여 이윤의 극대화를 유지하고, 새로운 식음료 문화 창조라는 사회적 요구에 부응하기 위해 그 중요성을 인식하지 않을 수 없으므로 식음료 부문의 효율적인 운영에 노력을 기울이고 있는 것이다.

식음료 부문의 성공적인 영업을 위한 요소를 요약하면 다음과 같다.

- 훌륭한 환경(Good Environment)
- 친절한 서비스(Good Friendly Service)
- 최상의 식사와 음료(Good Food & Beverage)
- 훌륭한 가치(Good Value)
- 훌륭한 경영통제(Good Management Control)

이와 같은 각각의 요소들은 독립되어 있지 않고 서로 잘 연관되어야만 식음료 부서가 잘 운영될 수 있다. 직원 상호간의 팀워크가 중요하며, 특히 일선직원과 식음료 경영의 경험이 충분한 매니저 사이의 이해와 협조가 절실하게 요구되는 것이 식음료업무의 특징이다.

8) 연회

연회의 의미는 축하, 위로, 환영 등을 위하여 여러 사람이 베푸는 잔치로 Banquetto에서 유래되었으며 판사의 거리, 연회를 의미하였다. 일정한 장소에서 고객의 요구, 행사의 내용, 성격, 인원, 방법에 따라 각양각색의 행사를 수행하는 식음료 영업의 하나이다.

연회서비스담당자는 주어진 행사에 대해서 사전에 내용과 목적을 잘 파악하여 업무수행에 최선을 다하고, 고객서비스에 만전을 기하여 연회행사가 성공적으로 이뤄질 수 있도록 최선을 다해야 하는데, 연회예약이 성립되기 위해서는 각 부서 간의 밀접한 협력체계를 갖추고 능률과 기능을 최대한 발휘하여 최대의 효율성을 올려야 한다. 특히 연회예약담당자와 세일즈 파트너의 협조는 절대적이라 할 수 있다.

〈연회행사의 특징〉

- 서비스 상품의 차별화와 생산의 극대화
- 서비스요원의 탄력적 운영
- 비수기 매출의 증대
- 특별기획상품의 개발
- 연회행사고객의 부대시설 이용
- 호텔의 홍보효과

〈연회행사의 종류〉

- 정찬파티
- 리셉션 파티

- 칵테일 파티
- 티 파티
- 출장연회
- 회의
- 전시회
- 테마파티

연회예약접수 및 진행과정

- 날짜의 결정 및 조정
- 시간 조정
- 연회장 배정
- 견적서 작성
- 계약금 작성과 계약금

- 연회행사 통보서(Event Order) 작성
  - 음식 종류
  - 가격 및 인원결정
  - 꽃장식/얼음조각 장식
  - 음료
  - 임대료
  - 테이블 배치
  - 음향 및 조명시설
  - 지불조건

연회장 배열방법

연회진행순서

* 행사전 준비
  - 미팅
  - 사이드 테이블 준비
  - 테이블 스커트 및 의자커버서비스

* 테이블 서비스
  - 행사 20분전 각자 맡은 장소에서 대기
  - 테이블 서비스

* 연회 종료 후 서비스
  - 환송 서비스
  - 행사 종료

9) 호텔 마케팅

호텔마케팅은 고객과 기업의 목표를 만족시키는 교환을 창조하기 위하여 아이디어, 재화, 서비스, 가격, 판매, 촉진, 유통 등을 계획하고 실시하는 과정이다. 호텔마케팅은 호텔상품의 판매 촉진과 고객의 편의와 서비스를 위한 호텔 경영활동으로 호텔의 상품판매기획은 호텔상품과 서비스를 고객이 원하는 것에 일치시키는 기획을 수립하고 그 업무를 집행하는 일이다.

호텔마케팅의 발전과정

개념	배경	초점	수단	목표
생산지향 (Production Concept)	수요〉공급	제품	대량생산	판매량 증대에 의한 이윤추구
제품지향 (Product Concept)	수요=공급	제품	제품의 질 향상	판매량 증대에 의한 이윤추구
판매지향 (Selling Concept)	수요〈공급	제품	판매증진	판매량 증대에 의한 이윤추구
마케팅지향 (Marketing Concept)	소비자 욕구 다양화	소비자 욕구	마케팅 믹스	소비자 증대에 의한 이윤추구
사회지향적 마케팅 (Social Marketing Concept)	지나친 상업주의	소비자와 공공복지	마케팅 믹스	소비자 욕구충족에 의한 이윤추구와 공공복리 증진

호텔마케팅의 기본적 원리

* 고객지향의 원리
  - 고객의 필요와 욕구를 가장 우선적으로 생각하고 고객 욕구의 충족을 최대의 목표로 하는 것으로 고객만족, 고객충성도 확보로 이어진다.

* 이윤지향의 원리
  - 호텔 상품의 판매가 호텔에 이익을 주는 활동이어야 한다.

* 통합과 조정의 원리
  - 호텔경영을 위한 많은 기능들이 고객을 상대함에 있어 통합되고 조정되어야 한다.

* 마케팅 전략
  - 세분화 전략 : 전체시장을 일정한 기준에 따라 세분하여 각 세분시장에서 자신의 시장 점유율을 유지, 확대시키기 위한 전략으로서 시장을 세분한 다음

목표시장을 선정하는 것이다.

- 표적화 전략 : 시장 세분화를 통해 확인된 여러 세분시장들을 평가하여 어떤 세분시장을 목표로 할 것인가를 결정하는 과정
- 포지셔닝 전략 : 목표시장내의 고객들 마음에 특정한 위치를 차지하도록 하는 상품과 서비스 및 마케팅 믹스의 개발이다. 또한 경쟁업자에 비해 차별적 우위를 구축하는 것이다.
- 마케팅 믹스 전략
  - 제품(product) : 객실, 식음료, 기타 부대시설과 인적 서비스의 결합
  - 가격(price) : 구매자가 판매자에게 지불하는 상품이나 서비스의 대가
  - 유통경로(place) : 판촉지배인의 역할이 크게 작용
  - 판촉(promotion) : 호텔상품의 무형적 특성을 유형화하는 중요한 마케팅 수단
  - 참여자(participant) : 서비스 제공자와 고객
  - 물리적 증거(physical evidence) : 유형적 시설이나 장비, 유형적 단서, 기타 환경 등
  - 서비스 조립과정(process of service assembly) : 서비스 산출을 위해 정해진 정책, 절차, 종사원 재량 정도, 예약시스템 등

* 내부마케팅

- 내부 마케팅의 정의
  - 종업원을 대상으로 한 내부 지향적 마케팅 활동
  - 현장의 종업원을 충분하게 동기부여시키고 고객지향적인 접객요원으로 개발하는데 그 목적이 있음
- 실행요소
  - 적성에 맞게 재능을 갖춘 종업원 채용
  - 비전 제공

- 서비스 수행에 필요한 기술과 실력을 갖추도록 교육
- 팀 플레이 훈련 및 이익의 배분
- 권한부여(Empowerment)
- 평가에 따른 적절한 보상

10) 호텔 인사관리

멘토(Mentor)라는 말의 기원은 그리스 신화에서 비롯된다.

고대 그리스의 이타이카 왕국의 왕인 오디세우스가 트로이 전쟁을 떠나며, 자신의 아들인 텔레마코스를 보살펴 달라고 한 친구에게 맡겼는데, 그 친구의 이름이 바로 멘토였다. 그는 오딧세이가 전쟁에서 돌아오기까지 텔레마코스의 친구, 선생님, 상담자, 때로는 아버지가 되어 그를 잘 돌보아 주었다. 그 후로 멘토라는 그의 이름은 지혜와 신뢰로 한 사람의 인생을 이끌어 주는 지도자라는 의미로 사용되었다고 한다.

멘토링(Mentoring)

멘토링은 기업에서 활발히 사용되고 있는데, 한마디로 말하면 현장 훈련을 통한 인재 육성 활동으로 정의할 수 있다. 즉, 한 마디로 말하면 현장 훈련을 통한 인재 육성 활동으로 정의할 수 있다. 즉, 회사나 업무에 대한 풍부한 경험과 전문 지식을 갖고 있는 사람이 1：1로 전담하여 구성원(멘티：Mentee)을 지도, 코치, 조언하면서 실력과 잠재력을 개발, 성장시키는 활동이라 할 수 있다. 최근에 많은 기업들이 도입하고 있는 후견인 제도가 바로 멘토링의 전형적인 사례이다. 이 제도 역시 신입 사원들의 업무에 대한 신속한 적응을 유도하고 성장 잠재력을 개발시킨다는 면에서 볼 때, 그 기본 사상은 인재 육성에 있다 하겠다. 이는 코칭의 형태와 매우 유사하나 멘토링은 멘토(mentor), 멘티(mentee)의 관계에서 있어서 수직적이며, 상호간의 인격적개입이 코칭보다 더 깊이 일어난다고 하는 점이다.

호텔 조직 및 직무에 필요한 인적자원을 확보, 유지하여 이들의 잠재력을 최대한으로 발휘할 수 있도록 조직 분위기를 최적으로 조성하고, 이를 활용하여 개인만족

은 물론 조직하고, 통제하는 관리활동이다.

호텔경영목적을 달성하기 위해 인간의 능력을 호텔의 장기적 전망에 따라 확보하고, 능력을 육성, 발전시켜 조직구성원으로서의 양호한 인간관계를 유지하도록 하는 환경을 조성하여 최대의 만족을 얻게 하고 호텔에 공헌하도록 하는 시스템이다.

* 호텔인사관리의 목적
  - 호텔기업의 목표 달성에 공헌
  - 호텔 구성원의 상호 이익 추구
  - 인간성 회복에 공헌
  - 구성원의 창조적 능력과 혁신적 사고의 개발

▎호텔인사관리의 기능▎

인적 제관계	관계 측면	임무 · 성격	목적	원리	관리내용
고용관계	노동력(종사원)	직장의 직능상의 협동관계	노동력의 효율적 이용	능률화의 원리	• 인사노무 • 조직 • 고용배치 • 교육훈련 • 작업조건 • 임금, 급여 • 노무계획
인간관계	조직속 및 사회속의 인간	사회적 감정 · 의욕을 가진 인간의 상호관계	노동의욕의 만족, 향상	인간화의 원리	• 복리후생 • 의사소통 • 리더십 • 노무감사
노사관계	임금, 급여, 노동자(조합원)	노동조건의 결정을 둘러싼 경쟁적 대립관계	노사이해의 조정	민주화의 원리	• 단체교섭 • 경영참가

05 Chapter

기타 숙박산업

제 5 장 기타 숙박산업

1 모텔(Motel)

모텔은 주로 자동차를 이용하는 여행객을 위한 숙박시설(약 5~50개의 객실)을 의미한다.

모텔은 주를 서로 연결하는 고속도로 옆 또는 교외에 주로 위치한 모텔은 1950년 및 1960년대 미국에서 성공적인 사업이었다. 우리가 미국에서 제작된 영화를 보면 이를 많이 볼 수 있는데, 수영장, 정원, 나무, 놀이터가 모텔의 전형적인 트레이드 마크이다. 그러나 모텔은 호텔처럼 다양한 서비스를 제공하지 않는다는 특징을 지닌다.

가. 모텔의 특성

모텔은 대부분이 고층이 아닌 단층 또는 저층으로 되어 있다. 주차에 제약이 없고 객실 가까이에 주차가능하다는 특징을 지니고 있어, 이름에도 이 특징이 반영되었다. 객실이 예약되어 있지 않아 사용 가능한 경우 Vacancy라 하고 객실이 예약되어 있거나 사용중인 경우 No Vacancy라는 문구가 있어 외관상 운전자가 쉽게 파악

토록 하는 특징을 지니고 있다. 숙박시설이용 등록절차가 간편하며, Drive-In or Drive-Out의 형태로 프라이버시가 보장된다. 앞에서도 논한 바와 같이 호텔처럼 다양한 서비스를 제공하지 않아 대부분 셀프서비스로 이루어지고, 따라서 팁은 제공하지 않아도 된다. 한국의 경우 외국과는 달리 모텔이 불륜을 저지르는 장소로 여겨져 부정적인 이미지를 갖고 있는 것이 현실이다. 부모들은 모텔이 주택가나 학교 부근에 위치하는 것을 거부하며 민원을 넣거나 진정서를 제출한다. 그냥 모텔이라고 간판에 나타나 있어도 사람들은 러브모텔이라고 지칭하면서 매우 부정적인 시각으로 접근한다. 지난 2002월드컵의 경우 숙박시설이 모자라 모텔업계에 외국인을 투숙케 하도록 협조를 요청하였으나 제대로 이루어지지 않아 안타까웠다. 그럼에도 불구하고 특정 지역의 경우 하루에 3회에서 5회의 회전율(Turnover)이 나타날 정도로 수익성이 높기 때문에 많은 투자가들이 선호하는 경향이 있으며 우리나라에만 나타나는 아주 특이한 현상이라고 볼 수 있다.

2 Bed & Breakfast(B&B)

이름에서 나타나는 바와 같이, B&B는 객실과 아침식사 제공하는 형태이며, 일반적으로 주인이나 가족이 직접 경영하면서 동일한 건물에 거주하는 경향이 있다. 편안한 분위기에서, 집에서 즐기는 느낌을 갖도록 주인은 최선을 다하고, 따라서 매우 친근감 있는 숙박형태이다.

일부 B&B에서는 숙박시설과 더불어 식당을 함께 경영하기도 하나 전반적인 서비스는 한정적이다. 따라서 다양한 시설이 아니라 저렴한 가격에 편안한 분위기를 느끼고 싶을 때 선택하게 되는 숙박형태이다. 우리나라의 여관수준 정도이며 영국을 비롯한 유럽지역에서 흔히 발견할 수 있다.

Ⅰ그림 5-1Ⅰ 유럽의 B&B

3 유스호스텔

유스호스텔은 주로 청소년을 위해 운영되는 숙박시설로서 청소년들에게 여행을 장려하는 동시에 이들에게 저렴한 가격으로 양질의 숙박시설을 제공하는 것을 목적으로 한다.

1909년 독일의 한 초등학교 교사가 도시의 학생들에게 대자연 속에서 활력을 되찾게 하기 위해 방학 중에 있는 시골학교를 숙소로 차용하여 이용한 것이 시초가 되었으며, 지금은 전세계에 비교적 저렴한 숙박시설을 이용하고자 하는 여행객들이 많이 이용한다. 19세기말 독일에서는 도시, 소음, 교실이라는 한정된 교육분위기에서 벗어나 야외교육을 통해 미지의 세계를 탐험하고자 하는 반데포겔(철새)운동이 청소년들 사이에서 확산되었다. 당시 리하르트 쉬르만이라는 교사는 휴일이나 방학을 이용해 빈 교실을 침실과 식당으로 활용하는 새로운 아이디어를 생각해 내고 자신의 학교인 알터나에 최초의 유스호스텔을 만들게 된다. 이후 유스호스텔운동은 유럽 각국에 전파되고 1932년 네덜란드 수도인 암스테르담에 유럽지역 10개국으로 구성된 국제유스호스텔연맹이 결성된다. 한국은 1968년 국제유스호스텔연맹에 정회원국으로 가입했고 현재 전 세계 84개국 6천여개의 유스호스텔과 6백여만명의 회원을 보유하고 있다(한국유스호스텔연맹 홈페이지 참조www.kyha.or.kr).

가. 유스호스텔의 특성

남녀가 공동으로 이용할 수 있으나 객실은 엄격히 구분되며 세면장 취사장은 공동사용이다. 1박 1식에 미화 12달러 정도로 값이 저렴한 만큼 식당에서는 셀프서비스를 하여야 한다. 각종 운동기구와 장비가 준비되어 있으며, 인종, 종교 및 언어의 구별이 없다. 유스호스텔은 건전한 청소년 육성의 목표아래 숙박 이외의 다양한 프로그램이 진행된다. 이런 활동 속에서 세계 각국 여행객들의 우호와 상호 정보교환 등 국제적인 교류의 장이 자연스럽게 형성된다. 이용객들 중에서 젊은이들에게 우선권을 부여하며, 저가의 통일요금제로 운영된다. 유스호스텔의 전체 운영은 관리책임자(House Parent)에 의해 이루어진다.

2002년 7월말 현재 한국유스호스텔 연맹산하 60여개의 유스호스텔이 운영중이다. 한국의 유스호스텔은 개인이나 법인, 지방자치단체가 설립한 것 등이 있으며 유스호스텔 내에는 체육시설, 야외활동시설, 강당, 세미나실, 식당, 자가 취사장 등의 편의시설과 개인 및 단체들을 위한 다양한 프로그램이 구비되어 있어 개인의 휴식공간이나 학생들의 수련활동, 수학여행, 단체MT, 기업연수 등으로 이용할 수 있다. 한국유스호스텔연맹의 지방조직은 전북연맹, 부산 · 경남연맹, 대전 · 충남연맹이 있으며, 산하단체로는 대학부(115개 대), 중 · 고등부(5개교), 국제자원봉사단 및 유스호스텔 동우회가 있다. 시설조직으로는 현재 올림픽 유스호스텔을 비롯해 전국적으로 55개 유스호스텔(2002년 8월)이 있고 향후 그 수가 늘어날 전망이다 (www.kyha.or.kr).

많은 세제혜택에도 불구하고 수익을 발생시켜야 하는 개인업자는 서비스 제공에 있어 질적 그리고 양적인 한계를 경험하고 있다. 수요의 계절성과 비정규성으로 인해 더욱더 큰 어려움이 따른다. 비용감소를 위한 저질의 음식을 제공하다가 학생이 식중독에 감염되면 일시적인 위생검열이 시행된다. 그러나 이러한 조치는 근본적인 문제를 해결하지 못한다. 청소년을 위한 시설인 만큼 정부의 적극적인 재무적 지원이 요구되는 사업이라고 볼 수 있다.

1) 하우스 페런트(House Parent)

하우스 페런트(House Parent)는 유스호스텔의 관리책임자로 유스호스텔을 운영한다.

하우스 페런트의 주요업무는 건물의 관리, 호스텔의 질서유지와 감독, 공동생활의 규범과 청소년들의 선도를 지도, 레크리에이션, 합창, 댄스 등의 문화활동 주최, 일반업무, 조리의 책임을 들 수 있다.

나. 유스호스텔의 분류

1) 하계호스텔(summer hostel)

하계에 즐길 수 있는 스포츠시설 구비

2) 동계호스텔(winter hostel)

동계에 즐길 수 있는 스포츠시설 구비

3) 주말호스텔(weekend hostel)

주로 대도시 근교에 위치하며 레크리에이션, 회의 및 이동교실의 목적으로 사용됨

4) 도심호스텔(city hostel)

대도시에 위치하며 통과 여행객들이 지배적임

5) 인(Inn)

초기적 현상의 숙박시설로 유럽에서는 보통의 호텔보다 시설 및 규모면에서 비교적 적은 호텔을 말하여 왔지만, 홀리데이인(Holiday Inn)을 비롯해 Inn의 명칭을 사용하는 고급호텔이 많이 설립되어 호텔과 다름없는 것이 많다.

6) 빵숑(Pension)

유럽에서 발달된 전형적인 하숙식 여인숙으로 소규모의 숙박시설이다. 대개의

경우 부대시설이 극히 단순하고 숙박비가 호텔에 비하여 저렴한 것이 특징이다. 장기체류 여행객에는 할인요금이 적용되며 객실요금제도에 따라 1박2식 제도나 1박3식 제도가 있다. 본래의 빵숑은 규모가 작고 불결한 듯하나, 가족적인 분위기에 저렴한 가격으로 고객을 유치하여 요즘은 빵숑의 명칭으로 호텔과 다름없는 시설로 영업하는 곳도 있다.

7) 로지(Lodge)

빵숑과 유사하며 큰 차이는 없으며 명칭이 풍기듯이 독특하고 아름다운 이미지를 갖는다. 로지는 프랑스의 전원다운 숙박시설로 국가의 보호와 지도아래 전국적인 조직으로 통일된 상호를 갖고 발전하고 있다. 특징은 맛있는 요리, 아름다운 꽃과 순박한 멋이 있다. 규모는 30-50실 정도이다.

8) 호스텔(Hostel)

스페인이나 포르투갈에서 흔히 볼 수 있는 저렴한 숙박시설로 특히 스페인에는 빠라도르(Parador)란 고전적 시골풍의 숙박시설을 국가에서 지원, 보호, 육성하고 있다.

9) 파라도르(Parador)

정부나 관광공사 등에 의해 호텔로 바뀌어 운영되는 오래된 수도원이나 성을 말한다.

10) 빌라(Villa)

별장으로 개인이 가족전용으로 소유하고 있는 것을 말한다.

11) 유로텔(Eurotel)

분양식 리조트 맨션의 체인경영의 한 형태로서 콘도미니엄과 성격이 유사하다.

유로텔은 유럽호텔의 약어로서 호텔의 객실과 기기, 비품 등 소유주가 이용하지 않는 동안은 타인에게 임대를 할 수 있는 시스템의 호텔을 말한다.

운영조직이 국제적 체인화로 구성되어 있고 부대시설로 각종 레크리에이션시설과 스포츠시설을 겸비하고 있으며 시설은 수탁관리가 가능하다.

12) 국민숙사(국민휴가촌숙사)

가족휴가촌에서 발달된 휴가시설로서 저렴한 요금과 가족단위의 셀프서비스를 위주로 한 숙박시설이다. 정부나 공공단체에 의해서 운영이 되고 있으며 가족호텔업과 매우 유사하다.

13) 방갈로(Bungalo)

열대지방의 목조 2층 건물의 건축형태로 우리나라의 원두막과 그 모양이 비슷하다. 이는 무더운 지역에서 환기와 온도를 조절하는 이상적인 숙박시설이다.

방갈로는 독립되어 있는 별개의 객실이므로 프라이버시가 보장되므로 특히 신혼 여행객들에게 인기가 높다.

14) 산장(Hermitage)

별장과 유사한 개념의 숙박시설로 깊은 산속이나 내륙관광지에 위치하게 되며, 이용자는 주로 등산객이나 스키어(Skier), 휴양객들이며 각종 편의시설을 갖추고 있다.

15) 샤또(Chateau)

빌라보다는 큰 규모이며 관광지에 위치한 100실 내외의 소규모 숙박시설이다. 건축양식이 복고적 중세풍의 뾰족한 지붕양식으로 되어 있으며, 보통 호텔 주변에 승마장과 골프장 시설을 갖추고 있다.

16) 바캉스촌(Vacannces)

휴양시설, 숙박시설, 레크리에이션시설이 복합되어 있는 관광지의 집단적인 숙박시설의 형태로 프랑스, 스페인, 이탈리아, 모로코 등 세계적으로 아름다운 해변 관광휴양지에 위치하고 있다.

17) 게스트하우스(Guest House)

호텔이나 모텔보다 규모가 작으며 가정적인 분위기의 숙박시설로 우리나라의 여관과 운영형태가 비슷하며 독일과 프랑스에서 운영되고 있다.

06 Chapter

레스토랑

제 6 장 레스토랑

1 식당의 유래 및 개념

가. 식당의 유래

식당은 인간의 이동과 함께 발생하였다. B.C. 512년경 고대 이집트에서 매우 단조로운 음식제공을 하였고, 이후 A.D. 79년경 나폴리의 베수비우스산 줄기의 휴양지에 식당의 흔적이 발견되었다. 12세기경 영국에는 선술집(Public House)이 번창하였고, 1650년에 최초로 Coffee House가 옥스포드에 개업하였고 Ordinary라는 식당이 존재하기도 하였다. 청조시대에는 회관이라는 근대적 식당이 등장하였다. 삼국사기에 의하면 490년 신라의 수도 경주에 처음으로 시장이 설치되었는데 각지에서 온 상인들의 음식판매소가 등장하였다고 한다.

우리나라의 경우, 고려시대에 성례, 약빈, 연령, 희빈 등의 식당개설 기록이 발견되었으며, 조선시대의 성균관 유학생을 위한 기숙사내 식당 '양재'라는 것이 존재하였다. 근대적 식당은 1902년 손탁호텔의 프랑스식당이 최초로 출현하였다.

식당(Restaurant)의 어원은 라틴어의 Restaurer(Restore)라는 말에 기원하는데, 그 의미는 '회복한다', '재충전한다'이다. 영국의 옥스퍼드사전에는 식당을 "An establshment where refreshments or meals may be obtained"라고 정의하였으며, 선진국에서는 식당을 EAST(Entertainment, Atmosphere, Sanitation, Taste)라는 토탈상품을 판매하는 곳으로 정의함으로써 단순하게 음식을 공급하는 것뿐만 아니라, 즐거움을 선사하는 그 기능을 다양화하고 있다.

2 식당의 종류

가. 명칭에 의한 분류

1) 레스토랑

웨이터나 웨이트리스가 서빙할 수 있도록 완벽하게 테이블세팅이 되어 있고 고급요리와 질 높은 서비스가 제공되는 식당

2) 그릴

대중적인 가격으로 일품요리(à la carte)를 제공하며 그날의 특별요리를 제공하는 것이 특징이다.

3) 카페테리아

델리카트슨 또는 이미 준비된 음식을 골라 자신이 직접 서빙하는 식당으로 이의 종류는 다음과 같다.

① 뷔페 : 미리 준비해 놓은 요리를 고객이 자신의 취향에 따라 선택할 수 있는 식당

② 커피숍 : 간단한 식사제공 가능한 식당

4) 스낵

샌드위치나 햄버거와 같은 가벼운 식사를 제공하는 간이식당을 의미한다.

나. 서비스형식에 의한 분류

1) 테이블 서비스

전형적인 서비스 형태로 직원이 테이블에 위치한 고객에게 전문적인 기술로 음식을 제공한다.

2) 카운터 서비스

고객이 조리과정을 직접 볼 수 있도록 식당주방을 개방시키고 주방과 연결된 카운터를 식탁으로 사용하여 음식을 제공한다.

3) 셀프 서비스

봉사료가 부과되지 않으며, 고객 스스로가 식당 안에서 필요한 서비스를 행하는 것이다.

3 식사의 종류

가. 식사 형태에 따른 종류

1) 정식(table d'hôte : full course)

여러 가지 단일 음식을 정해진 메뉴순서에 따라 고객에게 제공하는 것으로 일반적으로 서비스되는 순서는, *전체 ☞ 수프 ☞ 생선 ☞ 육류 ☞ 야채 ☞ 후식*으로 이루어지며, 음식의 온도는 *cold ☞ warm ☞ cold ☞ warm ☞ cold ☞ warm*한 순서로 제공된다. 이는 위에 부담을 덜어 주어 소화하는데 도움을 주기 위함이다.

2) 일품요리(à la carte)

요리품목별로 가격이 정해져 있으며, 그릴이나 전문식당에서만 제공되어야 할 것으로 보이지만, 일반적으로는 정식식당에서도 제공된다.

3) 뷔페(buffet) – open & closed

나. 식사시간에 의한 종류

① Breakfast : American, Continental, Vienna, English

② Brunch : 주말이나 휴일에 브런치에 대한 수요 증가

③ Lunch : Soup ☞ Entrée(Main Dish) ☞ Dessert

④ Afternoon Tea : Early, Breakfast, Eleven Scone

⑤ Mid Day, Afternnon, High

⑥ After Dinner, Night

⑦ Dinner

⑧ Supper : 각종 모임이 끝난 후 제공되는 간단한 식사

4 식당서비스의 방법

가. American

주방에서 요리된 음식을 접시에 담아서 종사원이 직접 손으로 접시를 옮겨 서비스하는 방법을 의미한다.

나. French

프렌치 서비스는 고객이 주문한 요리를 주방에서 준비하여 고객 앞에서 직접 요리를 해주는 서비스이다.

다. Russian

러시안은 플레터 서비스라고도 하며, 주방에서 음식을 쟁반에 담아 손님께 요리

된 음식을 보여드리고, 서빙 스푼과 포크를 이용하여 조금씩 덜어주는 서비스를 말한다.

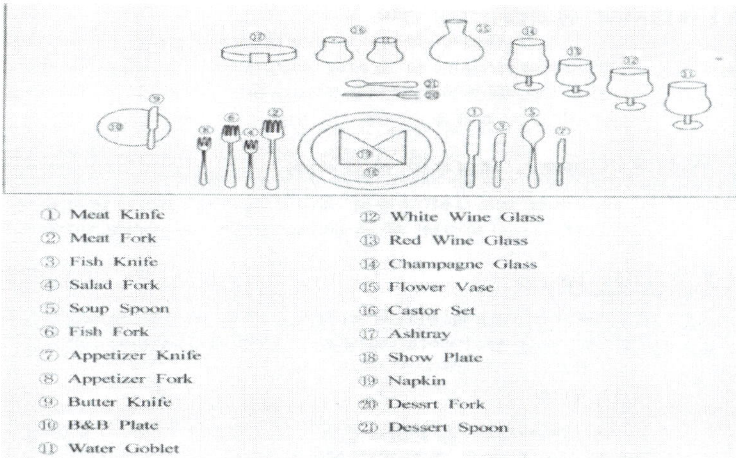

┃그림 6-1┃ Table setting

5 음료(Beverage)

가. 알코올성

1) 양조주(fermented) : wine sherry, champagne, vermouth, beer
2) 증류주(distilled) : whiskey, brandy, vodka, rum, tequila, gin, soju
3) 혼성주(compounded) : liquor

나. 칵테일

1) shaking
2) stirring

3) blending

4) floating

5) muddling

다. 비알코올성

1) soft drink, nutritious drink

6 연회(Banquet)

가. 특징

- 서비스상품의 차별화와 생산성을 극대화할 수 있다.
- 서비스 요원을 탄력적으로 운영할 수 있다.
- 비수기의 매출 증대를 기대할 수 있다.
- 특별기획상품의 개발이 가능하다.
- 연회행사 고객의 부대시설 이용을 도모할 수 있다.
- 호텔의 홍보효과를 누릴 수 있다.

나. 종류

- Dinner Party, Reception Party, Cocktail Party, Tea Party, Theme Party
- Outside Catering
- Mice(Meeting, Incentive, Convention, Exhibition) Industry

다. 연회서비스

- Table Service : Being Served Or Self-Serviced
- Standing Service : Cocktail Party, Standing Buffet, Reception 등.

07 Chapter

와인과 칵테일

제 7 장 와인과 칵테일

1 와인(Wine)

가. 무엇을 와인이라 부르는가?

그리스 철학자 플라톤은 와인은 신이 인간에게 준 가장 아름다운 선물이다. 라고 하였다. 바로 훌륭한 와인은 인간의 작품이 아니라 지속적으로 정제된 전통의 결과이다. 한 병의 와인 속에는 천년 이상의 역사가 담겨져 있기 때문이다.

와인은 넓은 의미로 과실을 가지고 만든 술을 의미하나 포도를 발효시켜 만든 발효주를 와인이라 한다. 다른 과실을 원료로 한 술은 그 과일 이름을 붙여 애플와인(Apple Wine), 스트로베리와인(Strawberry Wine), 페어와인(Pear Wine) 등으로 부른다. 제조과정에서 물은 전혀 사용하지 않으며, 포도 이외의 과일에는 효모작용을 돕기 위해 설탕을 첨가시킨다. 대개 와인이란 표기가 되어있는 것은 Grape Wine 즉 포도주를 일컫는 것이다. 와인이란 일반 술과 달리 물이 한 방울도 들어가지 않고 양조용 포도의 즙만 가지고 만들어지므로 포도의 성분이 그대로 농축되어 있는 술인 것이다(황해정 · 이복희, 2001). 와인은 국가별로 이태리(비노, Vino), 독일(바인, Wein), 프랑스(뱅, Vin), 미국 · 영국(와인, Wine), 포르투갈(비뇨, Vinho)에서

부르는 명칭이 차이가 있다.

나. 와인의 역사

와인은 일반적인 음식으로뿐 아니라 여러 분야에서도 다양한 가치를 지니고 있다. 농업, 상업, 의학, 종교, 성, 문화, 감각 등 여러 방면에서 와인은 그 가치를 인정받고 있다. 역사적으로 살펴보면 포도주는 역사가 매우 오래된 술로서, 지구상에 인류가 출현하여 야생의 포도나무 열매를 채취하여 보관하던 중, 그것이 자연 발효되어 괴어 있는 것을 마시게 된 것으로 추정되며 이것이 언제부터인가는 정확한 연대는 알 수 없다. 구약성서 기록에 의하면 포도주는 노아(Noa)시대에 이미 포도원을 가꾸고 포도주를 만들어 마셨다는 기록으로 보아 그 역사는 매우 오래되었음을 알 수 있다.

7000~8000년 전 메소포타미아에서 출발하여 이집트 문명, 고대 그리스, 로마로 이어지고 지중해와 남, 서부 유럽의 역사와 함께 발전하였다. 와인의 역사는 생명, 제사와 신화의 상징으로서 오랫동안 인간의 역사와 함께 하고 있다.

또, B.C. 1700년경 바빌로니아의 함무라비법전에도 포도주에 관한 규정이 성문화되어 있다.

아울러 문화적인 가치로 보자면 고대의 모든 문명권에서 와인은 생명을 상징하는 음료였다. 따라서 제식 때에는 신에게 와인을 바치는 것을 관례로 삼았다. 이뿐만 아니라 와인은 축제와 로맨스, 섹스의 상징이기도 하였다. 결국 고대부터 서양 문화의 한 흐름을 좌우한 와인은 곧 문화적 가치이자 유산인 것이다.

다. 와인의 특성 및 제조과정

1) 특성

와인은 서구 문명의 중요한 한 부분이며, 또한 음식 문화의 근간을 이루는 발효식품이자 살아 있는 음식으로서 완전한 식품이라 할 수 있다. 지구상에는 약 8,500

종 정도의 포도 종류가 있다. 하지만 모든 포도로 와인을 만들 수 있는 것은 아니다. 이 중에서 와인을 만들 수 있는 양조용 포도로 인기 있고 널리 알려진 것은 약 50종 정도에 불과하다.

와인은 알코올 함량이 비교적 낮으며, 식욕증진, 소화촉진(약알칼리성)에 좋은 효과가 있다. 또한 빛깔(Color), 투명도(Transparency), 맛(Taste), 향기(Fragrance)가 우월하며, 수확연도에 따라 질과 맛의 큰 차이가 난다. 이러한 질과 맛의 차이는 포도의 품종과 상태, 생산지의 기후와 토양, 생산연도(Vintage), 양조기법(Grower)에 따라 달라진다.

2) 와인의 제조과정

와인의 제조과정은 적포도주, 백포도주, 분홍포도주에 따라 달라지며, 그 과정은 다음의 표에 나타난 설명과 같다.

표 7-1 와인의 제조과정

와인의 종류	제조과정
적포도주 (Red Wine)	수확 → 분쇄(Mushing, 껍질, 씨 포함) → 전발효(Fermentation) → 압착(Pressing) → 후발효(Fermentation) → 여과(Filtering, 앙금분리) → 숙성(Aging) → 여과(Filtering) → 병입(Bottling) → 마개(Capping) → 저장(Storing) → 출고
백포도주 (White Wine)	수확 → 분쇄(Mushing, 껍질포함) → 압착(Pressing) → 숙성(Aging) → 저장(Storing) → 여과(Filtering) → 병입(Bottling) → 출고
분홍포도주 (Rose Wine)	수확 → 분쇄(Mushing, 껍질, 씨 제거) → 압착(Pressing) → 쥬스(Juice) → 발효(Fermentation) → 여과(Filtering, 앙금분리) → 숙성(Aging) → 여과(Filtering) → 병입(Bottling) → 마개(Capping) → 저장(Storing) → 출고

라. 와인의 분류

와인의 분류는 다양하지만 색에 의한 분류, 맛에 의한 분류, 탄산가스의 유무에 의한 분류, 알코올 첨가 유무에 의한 분류, 식사용도에 의한 분류, 숙성연도에 의한 분류, 수확연도 표시유무에 의한 분류에 의하여 여러 가지로 분류한다.

1) 색에 의한 분류

와인 색깔이 다른 경우 와인의 맛도 당연히 달라진다. 우리가 잘못 알고 있는 상식가운데 하나가 적포도주는 적포도로 만들고 백포도주는 백포도로만 만든다는 것이다. 그러나 이건 틀린 말이다. 와인의 색깔이 다른 건 바로 양조방법이 다르기 때문이다. 색에 따른 분류는 다음과 같이 나눠진다.

① 적포도주(Red Wine)

적포도주는 적포도의 알맹이, 껍질, 씨까지 포함하여 즙을 낸 후 발효하여 만들어진다. 색깔은 과피에서 우러나오는 색으로, 적색(암적색~담적색)이다. 맛은 씨와 껍질째 넣어 만들어지므로 떫은맛이 나는 것이 특징으로 주로 육류요리와 함께 마신다. 오랜기간 저장이 가능하며, 숙성기간이 길면 깊고 풍부한 향을 낸다. 알코올 농도는 대개 12~14%에 달하며, 실온(17~19℃)에서 보관한 후 마시는 것이 좋다.

② 백포도주(White Wine)

백포도주는 백포도, 적포도를 이용하여, 껍질을 제거한 후 포도즙만을 발효시켜 만들어진다. 색깔은 황색(연한 녹색~황색)으로 보이며, 특징은 제조과정에서 포도를 으깬 뒤 바로 압착하여 나온 주스를 발효시키므로 탄닌성분이 적다. 또한 숙성기간이 짧고, 순하고 상큼한 맛으로 주로 생선요리와 조화(식전주)에 이용되며, 알코올농도는 10~13%에 달한다. 보관은 10℃ 전후로 차게 해서 마시도록 하여주면 된다.

③ 핑크색 포도주(Rose Wine)

핑크색 포도주는 주로 로제와인으로 불린다. 레드와인과 같이 적포도의 껍질째 같이 넣고, 발효하여 어느 정도 색이 우러나면, 껍질은 제거하고 과즙만을 가지고 만드는 것이다. 색깔은 화이트 와인과 레드와인의 중간색인 핑크색이지만, 맛은 화이트 와인과 유사하다.

④ 황색 포도주(Yellow Wine)

황색포도주는 백포도, 적포도를 주원료로 하여 만들어지며, 화이트와인이 오랫동안 Oak통 속에서 숙성되어 오는 동안 술통에서 우러나오는 색, 또는 한번 사용한 술통을 다시 사용하였을 때 술통에서 우러난 색으로 호박색이다.

2) 맛에 의한 분류

백포도주 맛의 차이는 바로 당도 때문이다. 드라이 와인은 단맛이 없는 와인이다. 여기서 드라이라는 건 건조한 느낌이 아니라 달지 않다는 뜻이다. 대부분의 적포도주는 드라이 와인이며, 유명한 백포도주 가운데에는 드라이와인들이 많다. 당도에 따라서 다음과 같이 나눌 수 있다.

① 스위트와인(Sweet Wine)

달콤한 맛을 내는 감미 와인을 의미하는 것으로, 완전히 발효되지 못하고 당분이 남아 있는 상태에서 발효를 중지시켜 당분을 가당시킨 것이다. 일반적으로 식후 디저트와 함께 마신다.

② 드라이와인(Dry Wine)

드라이 와인이란 단맛이 없는 산미 와인을 의미하는 것으로, 완전히 발효를 시켜서 와인 속에 당분이 거의 남아 있지 않은 상태이다.

③ 미디움 드라이와인(Medium Dry Wine)

스위트와인과 드라이 와인의 중간 맛을 내주는 와인으로 단맛을 약간 느낄 정도이며 일반적으로, 데미 드라이(Demi Dry) 혹은 세미 드라이(Semi Dry)로 불리운다.

3) 탄산가스 유무에 의한 분류

축제의 와인, 발포성 와인은 다음과 같다. 스파클링 와인이라고 불리우며 말 그대로 기포가 일어나는 와인이다. 기포의 유무에 따라서 다음과 같이 나눌 수 있다.

① 발포성와인(Sparkling Wine)

발포성와인은 발효 도중에 생기는 탄산가스를 함유한 와인이다. 스파클링 와인으로 불리우며, 파티용으로 많이 사용된다. 발포성와인을 많이 생산하는 지역은 프랑스 상파뉴의 샴페인(Champagne), 이탈리아산의 아스티 수푸만떼(Asti Spumante), 스페인의 카바(Cava), 독일의 젝트(Sekt)지역이다. 발포성와인의 제조법은 지역에 따라 약간 차이가 난다. Champane Method로 불리는 프랑스 Champagne은 발효가 완료되지 않은 것을 병에 넣어 병내에서 발효시키는 방법을 사용하며, Tank Method라고 불리는 독일 Sekt지역의 제조방법은 탱크에서 탄산가스를 날려 보내지 않는 법을 이용한다. 이외에 탄산가스를 첨가시키는 방법과 같은 단순한 것도 있다.

② 비발포성 와인(None Sparkling Wine)

탄산가스를 함유하지 않은 일반적인 와인으로 스틸와인(Still Wine)으로 불린다. 대부분의 와인이 비발포성 와인이다.

4) 알코올첨가 유무에 의한 분류

발포성 와인이 효모와 설탕을 첨가했다면 주정강화 와인은 알코올을 첨가한 와인이다. 그래서 알코올 도수가 높을 뿐만 아니라 단맛이 강한 와인이 많지만 단맛이 없는 주정 강화 와인도 있다.

① 강화와인(Fortified Wine)

강화와인은 와인에 증류주를 첨가하여 알코올 도수를 높인 와인을 의미한다. 강화와인은 스페인의 쉐리와인(Sherry Wine), 포르투갈의 포트와인(Port Wine), 이탈리아의 베르뭇(Vermouth), 마데이라(Madeira), 듀보네(Dubonnet) 등이 이에 속한다.

② 비강화 와인(Unfortified Wine)

증류주를 첨가하지 않고 순수한 포도만을 발효시켜서 만든 와인을 의미한다.

5) 식사용도에 의한 분류

와인은 마시는 때에 따라 선택도 달라진다. 식사용도에 따라서 다음과 같이 나눌 수 있다.

① 식전용 와인(Aperitif Wine) = 식전주(食前酒)

식사를 하기 전에 Appetizer(애피타이저)와 함께 마시는 와인, 입맛을 돋우기 위해 드라이한 것이 좋다. 식전용 와인으로 사용되는 와인의 종류는 쉐리 와인(Sherry Wine), 드라이베르뭇(Dry Vermouth), 듀보네(Dubonnet), 캄파리비터즈(Campari Bitters), 마데이라(Madeira), 마르살라 와인(Marsala Wine)을 들 수 있다.

② 테이블 와인(Table Wine) = 식중주(食中酒)

테이블와인이란 식사 중 또는 식사 외에 통상적으로 마시는 와인, 맛을 돋우기 위해 드라이한 것이 좋다.

표 7-2 음식과 와인

구 분	내 용
음식에 어울리는 와인	• 육류 ↔ 레드와인 • 생선류나 어패류 ↔ 화이트와인 · 스파클링 와인 • 앙뜨레(Entrée)나 전채(Appetizer) ↔ 드라이와인, 미디움 드라이 와인, 로제와인
어느 음식과도 어울릴 수 있는 와인	드라이 샴페인(Dry Champagne), 로제와인(Rose Wine)
와인과 어울리지 않은 음식	식초(Vinegar), 피클(Pickle), 겨자(Mustard), 커리(Curry)

③ 식후용 와인(Dessert Wine) = 식후주(食後酒)

식후에 디저트와 함께 마시는 와인, 소화를 촉진시키기 위해 단맛의 와인이 좋다. 이에 속하는 와인은 포트와인(Port Wine), 스위트와인(Sweet Wine), 크림쉐리(Cream Sherry), 마르살라(Marsala)를 들 수 있다. 토케이(Tokay)는 헝가리에서 생산되는 스위트 화이트와인으로 프랑스의 소떼른느와 같이 곰팡이 낀 포도(Noble rot)로 만든 대표적인 식후용 와인이다.

6) 숙성연도에 의한 분류

와인의 원료가 되는 포도를 수확한 해 즉, 수확 연도를 빈티지라고 한다.

포도는 기후의 좋고 나쁨에 따라 맛이 좌우된다. 좋은 날씨가 계속된 해를 '좋은 해'라고 하며 포도가 잘 숙성되어 당도가 높아 진한 맛의 와인을 만들 수 있다. 이와는 반대로 기후가 나빴던 '나쁜해'에는 신맛이 강한 포도가 되어 와인의 맛은 엷어진다. 빈티지가 상대적으로 중요하긴 하나 꼭 절대적인 것은 아니다. 숙성년도에 따라 가격도 비례되지만 결코 맛이 우수하다고는 말할 수 없는 이유이기도 하다. 바로 희소가치에 의한 가격이 결정되는 것이다. 숙성과 수확년도에 따라 다음과 같이 나눠진다.

① 영와인(Young Wine)

1~2년 저장한 와인으로, 별도의 숙성기간을 거치지 않고, 장기간 보관이 안되며 품질이 낮은 와인이다.

② 에이지드 와인(Aged 또는 Old Wine)

5~10년 저장한 와인으로, 몇 년 이상의 숙성기간을 거친 것으로 품질이 우수한 와인(A.O.C급)이다.

③ 그레이트 와인(Great Wine)

15~20년 저장할 수 있는 와인으로, 품질이 최상급이다.

7) 수확연도 표시 유무에 의한 분류

① 빈티지 와인(Vintage Wine)

풍년이 들어 수확이 좋은 해의 포도로 만든 포도주로 라벨에 수확연도를 표시한 포도주를 말한다.

② 넌 빈티지 와인(None Vintage Wine)

포도의 수확연도를 표시하지 않은 포도주를 말한다.

▍표 7-3▍ 와인관련용어의 해설-1

용어	설명
크뤼(Cru)	• 포도경작지 또는 포도원을 나타내는 불어로 프랑스의 가장 뛰어난 와인 또는 와인경작지. • 대다수의 프랑스 와인보다 우수.
네고시앙(Negociant)	와인제조업자
샤또(Chateau)	• 보르도(Bordeaux)지방에서 생산하는 와인은 90% 이상이 샤또라는 명칭을 붙임. • 특정 포도원 • 보루고뉴(Bourgogne) 지방에서는 사용하지 않음.

마. 와인취급방법과 서비스

1) 와인취급방법

① 포도주는 주인이 먼저 맛을 본다.

② 포도주를 마실 때는 글라스의 스템을 잡고 마신다.

③ 포도주를 마실 때는 독한 담배를 피우지 않는다.

④ 포도주는 한잔을 3~4회에 나누어 마신다.

⑤ 포도주는 손님의 오른쪽에서 오른손을 이용하여 서브한다(Clock System).

⑥ 포도주를 따를 때는 글라스에 손을 대면 안 된다.

⑦ 포도주는 급격한 가열이나 냉각은 하지 말아야 한다.

⑧ 포도주병은 흔들지 말아야 한다.

⑨ 포도주는 글라스에 반 정도에서 2/3 정도가 적당하다.

⑩ 백포도주병은 냉습한 곳에 보관하여야 한다.

⑪ 와인 보관은 12℃의 서늘한 곳(습도는 60~80 지하창고)

⑫ 와인을 보관할 때는 코르크 마개가 항상 마르지 않도록 수평으로 뉘어서 보관하여야 한다. → 코르크 마개가 건조해지면 틈이 생겨 공기가 들어오게 되고 와인이 식초처럼 산화가 되기 때문이다.

2) 와인에 알맞은 서비스 온도

① 무겁고 중후한 맛의 적포도주 : 17~19℃
(보르도 지역 와인, 부르고뉴 지역 와인, 바롤로 지역 와인)

② 중간정도의 무겁고 중후한 맛의 적포도주 : 13~15℃
(론강 계곡 지방와인, 보졸레, 알자스, 키안티 클라시코 와인)

③ 가벼운 맛의 적포도주와 로제 와인 : 10~13℃
(샤블리, 뮈스까데, 알자스 리스링, 앙주 지방 로제 와인)

④ 백포도주 : 7~10℃
(꼬뜨 뒤 프로방스, 따벨, 부르고뉴 와인)

⑤ 샴페인과 발포성 와인 : 1~4℃
(랑송, 소떼르느, 폴레미, 블랙타워)

TIP.

*** 와인병의 코르크 마개를 열 때**

와인 병을 열 때 와인 오프너를 잘못 선택하여 와인의 코르크를 완전히 빼지 못하여 난감한 적이 있었던 경험들이 초보자들에게는 누구나 있었을 것입니다. 시중에는 편리하게 와인 병의 코르크 마개를 뺄 수 있는 오프너들이 많이 판매되고 있으며 베스트 와인샵에서도 이상적인 와인 오프너를 전시하고 있으니 와인샵의 액세서리 코너를 참고 하시기 바랍니다.

*** 와인잔**

와인잔에 따라 와인의 훌륭한 맛이 달라지는 것은 아니지만 격식을 갖추면 더 한층 그 진수를 맛 볼 수 있습니다. 와인 잔은 크리스탈과 같이 맑고 투명하여야 하며 아무런 색상이나 문양, 장식이 없는 것이 이상적입니다. 또한 손자국이나 다른 얼룩

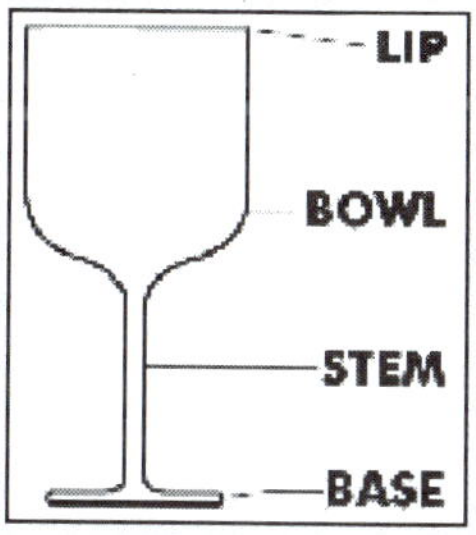

이 지지 않고 깨끗해야 와인의 빛깔을 제대로 감상할 수 있게 해줍니다. 가늘고 길쭉한 손잡이는 와인이 잘 보이게 할 뿐만 아니라 손에서 전달되는 열로부터 와인의 온도를 보존해 주는 역할을 하기도 합니다. 또한 와인을 충분히 즐기려면 와인의 종류에 따라 제대로 된 사이즈와 모양을 가진 와인 글라스가 필요합니다.

일반적으로 와인 글라스는 립(Lip), 몸통(Bowl), 손잡이(Stem)와 받침(Base)으로 나눌 수 있는데, 글라스의 길쭉한 손잡이(stem)는 와인 잔을 쉽게 돌려 와인이 잔 표면적에 많이 퍼지도록 함으로써 와인의 향을 좀 더 많이 느끼게 해 줍니다. 또한 손으로부터 전달되는 열을 차단하는 역할도 합니다. 와인의 향기를 잘 포착하기 위해서는 바닥이 넓고 윗부분이 좁은 글라스가 적당합니다. 잔의 바닥이 넓어야 고루 퍼진 와인의 부케 향을 입구 쪽에서 잘 모을 수 있기 때문입니다.

* 와인 종류에 따른 와인 글라스의 종류

와인의 종류에 따라 느껴지는 산미, 탄닌, 과일향 등 각각의 요소들은 와인 글라스를 통해 입안에서 고유한 맛을 살려주도록 합니다. 따라서 와인 글라스의 모양과 사이즈는 최적의 와인 맛을 끌어내도록 와인의 성격과 종류에 따라 디자인되어 있습니다. 세계적으로 알려진 리델 글라스(Ridel Glass) 및 유명 와인 글라스 메이커들은 이러한 점을 착안하여 포도품종에 따른 다양한 와인 잔을 생산하기도 합니다.

샴페인과 같은 발포성 스파클링 와인 글라스는 길쭉한 튜울립 모양을 하고 있어 와인의 탄산기포가 좀 더 오래 보존될 수 있습니다. 좋은 샴페인의 경우에는 조그만 기포들이 길쭉한 잔속에서 계속해서 올라오는 것도 볼 수 있습니다. 만약에 샴페인을 넓은 글라스에 따르게 되면 샴페인의 기포는 금방 사라지게 되어 맛을 잃어버립니다.

버건디(Burgundy) 지역의 와인을 포함한 레드 와인 글라스는 일반적으로 화이트 와인 글라스보다 큽니다. 이는 와인의 향기를 풍성하게 느끼게 하기 위해서 입니다. 풍부한 향기를 곁들인 그 맛은 일품이죠. 여기에서 잔의 크기정도가 보르도나 버건디와 같은 지역 혹은 포도품종의 특성 따라 좀 더 세분화되어 달라지기도 합니다.

화이트 와인 글라스는 레드와인 글라스보다는 좀 더 사이즈가 적습니다. 이는 와인을 마실 때 혀에서 느끼는 맛에 더 중점을 두기 때문입니다.

* 와인 글라스를 세척할 때 주의사항

와인 잔은 될 수 있는 대로 세제를 많이 사용하지 않는 것이 좋으며 특히 샴페인 잔은 세제를 사용하지 않고 세척해야 합니다. 물론 식기세척기에 넣어 씻지 않도록 하시기 바랍니다. 세제가 와인 잔에 남아 있을 경우 와인의 맛에 나쁜 영향을 주고, 샴페인의 기포를 줄어들게 해 상쾌한 맛을 빼앗아 갈 수도 있습니다.

＊ 와인을 따르기 전에 알아두어야 할 점

특히 오래된 와인이거나 맛이 강한 종류의 와인들은 구매 후 와인 병을 하루정도 세워 두었다가 와인을 오픈하는 것이 좋습니다. 이는 와인이 숨을 쉬게 하여 거친 탄닌 맛을 부드럽게 만드는 데에 있습니다. 혹은 와인을 다른 용기에 부어서 와인을 숨쉬게 할 뿐만 아니라 오래된 와인에서 나온 와인의 앙금이나 결정체(와인 크리스탈) 같은 것을 제거해서 맑은 와인을 마시기도 하지만 일부는 이런 상태의 와인을 더 좋아하여 그냥 마시기도 합니다. 참고로 이미 오픈된 와인의 경우에는 와인이 공기와 접촉하면서 빨리 산화가 되므로 가능한 한 개봉 후 3일 이내에 마셔버리는 것이 좋습니다.

표 7-4 와인관련용어의 해설-2

용어	설명
디캔터(Decanter)	프랑스어로 '까라프(carafe)'라고 하는 이 병은 와인 병 속에 담긴 와인을 옮겨 붓는 투명한 유리병을 말하며, 디캔터(Decanter)는 기본적인 병 모양과는 조금 다르게 밑부분이 넓다.
디캔팅(Decanting)[6]	오래된 Red Wine의 침전물을 제거하기 위하여 디캔터 용기에 와인을 따라 옮기는 과정을 의미함
소멜리어(Sommelier) ; 와인웨이터(Wine waiter, Wine steward)	일반적으로 프랑스 레스토랑에서 근무하는 와인 전문가로, 역할은 와인주문, 추천, 요리와 어울리는 와인 추천(Cook harmony with wine), 와인창고 관리와 진열, 와인 시음과 테스팅, 고객에게 주문받고 Serve하는 등의 일을 함.

바. 와인의 레이블 읽기

와인을 시음하기 전에 꼭 거쳐야 하는 단계가 있다. 그것은 지금 마시는 와인이 무엇인지 확인하는 단계로, 레스토랑에서는 웨이터가 와인을 따르기 전에 와인을 확인할 수 있도록 레이블을 확인하거나, 직접 와인 샵에서 와인을 고를 때, 와인병

6) 와인을 디캔터로 옮기는 이유

① 와인을 옮겨 담는 과정에서 공기, 즉 산소와 접촉을 원활하게 해준다. 이 과정에서 와인에 숨어있는 미묘한 향을 더욱더 끌어낼 수 있다.

② 레드 와인의 경우에는 시간이 오래 지나면, 와인병 바닥에 침전물이 가라앉을 수 있다. 그러므로 디캔터에 조심스럽게 옮겨 담으면서 이 침전물을 제거할 수 있다.

에 붙어 있는 레이블은 꼭 잘 살펴봐야 한다. 와인 레이블은 와인의 얼굴이라고 볼 수 있다. 와인의 레이블은 소비자들에게 와인에 대한 정확한 정보를 주려고 노력하기 위하여 기록되는 것이다.

레이블은 전 세계적으로 비슷한 내용의 정보를 제공하도록 되어 있고 몇 가지 예외적인 조항이 있으므로 이것을 익히는데 큰 어려움이 있는 것은 아니다. 레이블에 포함되는 내용은 와인의 생산자명, 생산지역명, 빈티지, 포도 품종, 사용된 포도의 숙성 정도, 와인의 직접 재배여부, 기타 정보 등이 표시된다. 그러나 국가에 따라 레이블에 표시되어야 하는 정보들이 다르기 때문에 제공되는 각각의 정보에 대해 먼저 알아보고 각 국가의 레이블에서 이를 확인해 보자.

첫째 와인의 생산자명을 확인할 수 있다. 우리나라에서는 실제로 와인 생산자 내지는 Winery 이름을 와인명으로 사용하고 있다. 하지만, 보다 정확하게 샤또 마고(Chateau Margaux), 샤또 라투르(Chateau Latour) 등은 제조자명이다.

▍그림 7-1▍ 와인 라벨 예제 1

두번째는 생산지역명. 생산지역이라고 하면 그 와인에 사용된 포도가 재배된 지역 또는 국가명을 의미한다. 생산지역명은 프랑스 보르도처럼 넓은 지역일 수도 있고, 보르도의 세부지역인 마고(Margaux)일 수도 있다. 미국의 경우에는 그냥 캘리포니아라고 명시되는 경우도 있고 Napa Valley라는 세부 지역명이 사용되는 경우도 있다. 그러나 마음대로 지역명을 표시할 수 있는 것은 아니다. 대부분의 국가들은 생산지역명 표시를 법률로 규제하고 있다. 일반적으로 특정 지역명을 사용하려면 그 지역의 와인 85%를 사용해야 한다. 이 조건을 지킨 경우에만 AOC(佛) 또는 DOC(伊)[7]와 같은 사항을 레이블에 표시할 수 있다.

7) AOC와 DOC에 대한 설명은 국가별 특징을 참조하면 된다.

셋째, 와인등급을 통한 와인의 품질구분이 가능하다. 프랑스에서는 지역명표시가 와인의 품질과 밀접하게 관련되어 있기 때문에 AOC를 하나의 등급으로 사용하고 있지만, 이 등급만 있는 것은 아니다. 또한 각 국가마다 동일한 등급기준과 명칭들을 사용하고 있는 것이 아니기 때문에 와인등급과 그 명칭들을 익혀 두시는 것이 좋은데, 가장 핵심 국가들의 등급기준을 보면 다음과 같다.

표 7-5 와인의 등급

국가명	와인의 등급
프랑스	vin de table, vins de pays, VDQS, AOC
독 일	tafelwein, landwein, QbA, QmP
이탈리아	vino da tavola, IGT, DOC, DOCG etc.

그림 7-2 와인라벨 예제 2

넷째, 빈티지에 관한 것이다. 빈티지란 와인에 사용된 포도가 재배된 해를 의미한다. 따라서 여러 해의 포도로 생산된 와인을 블랜딩해서 쓰는 것은 빈티지가 명시되지 않는 것(non-vintage)도 이러한 이유 때문이다. 와인의 재료가 된 포도가 재배되던 해의 기후 조건이 좋았으면 와인의 품질도 좋다. 즉, 좋은 해(great years)의 포도로 생산된 와인은 다른 해의 와인보다 품질이 높기 때문에 가격이 높고, 따라서 꼭 확인할 필요가 있다.

다섯째, 포도 품종을 확인하여야 한다. 포도품종이란 와인생산에 사용된 것을 의미한다. 그러나 이 정보는 모든 레이블에 다 명시되는 것은 아니다. 대부분의 프랑스와 이탈리아 와인 레이블들은 각 지역마다 재배되는 포도 품종이 법적으로 규정되어 있어 지역명이 곧바로 특정 포도 품종과 연결지어지기 때문에 포도품종을 표시하지 않는다. 프랑스의 경우, 보르도에서는 까베르네 소비뇽, 까베르네 프랑, 멜로, 쁘띠 베르도와 말벡 품종만을 재배하기 때문에 보르도라는 지역명칭 내지는 보르도의 세부지역이 표시된 경우에는 이 품종들이 사용되었음을 알 수 있다. 이탈리아 피에몬테 지역 (또는 그 세부지역 바롤로, 발르바레스코)라고 표시된 와인 레이블의 경우에는 달리 품종표시가 없어도 네비올로가 사용되었음을 유추할 수 있다.

여섯째, 사용된 포도의 숙성도에 의한 구분. 모든 와인 레이블에 표시된 경우는 아니지만, 독일과 오스트리아의 레이블에서는 포도의 숙성정도와 이 포도로 만든 와인들의 품질을 나타내는 용어들을 표시하게 되어 있다. 구체적인 예를 살펴보면, 독일 레이블에서 볼 수 있는 Kabinett, Spatlese, Auslese, Beerenauslese, Trockenbeerenauslese들이 이에 해당한다.

일곱째, 레이블을 통하여 포도원 병입 여부 및 생산자 주소를 알 수 있다. "Estate Bottled", "Mis en bouteille(s) au Chateau(佛)", "Gutsabfullung" 또는 "Erzeugerabfullung (獨)"은 모두 와인 생산자가 직접 포도를 재배하고 이를 양조 병입했다는 것을 의미한다. 포도원에서 직접 병입하지 않는 경우에는 달리 "Mis en Bouteille par(佛)" 내지는 "Bottled by" 등으로 표시되어 있다.

여덟째, 기타 요구되는 정보. 국가에 따라 달리 요구되는 필수사항들이 기록된다. 독일의 경우에는 "Amptliche Prufungs Nummer(AP Number)"를 표시할 것을 의무화하고 있습니다. AP 번호는 국가공인시음위원회가 그 와인을 시음할 때 부여하는 번호이다. 프랑스 와인의 경우에는 세부 등급 분류를 표시해 줄 수 있다. 예로, Premier Cru, Grand Cru, 또는 Cru Bourgeois 등이다. 그리고 미국의 경우에는 레이블 또는 back 레이블에 아황산염이 들어가 있다는 것과 알코올 섭취가 태아에 미칠 수 있는 영향과 운전신경을 둔화시킬 수 있다는 경고문을 명시하도록 규정하고 있다. 그러나 프랑스 알자스 지방이나 독일 그리고 신흥 와인 생산국에서는 사용된 포도 품종이 바로 레이블에 표시된다. 단, 그 품종이 어느 정도는 사용되어야 된다는 법적 조건을 만족시킨 다음에야 가능하다[8].

그림 7-3 와인라벨 예제 3

이외에도 레이블에서 확인할 수 있는 다른 사항은 병크기(거의 가 750ml)와 알코올 도수가 있다. 병 크기는 20세기까지도 단일화되지 않고 사용되었으나, 1979년에 미국이 미터법을 채용하면서 750ml로 할 것을 요구하면서 정착되었다. 보통이 크기의 병을 쓰나 디저트 와인과 같은 스위트 와인은 375ml병을 사용하기도 한다[9]. 알코올 도수는 와인생산지의 특징과 포도의 숙성정도에 따라서 차이가 난다. 숙성이 덜된 포도를 사용한 경우에는 7도 정도 그리고 미국 캘리포니아나 칠레와 같이 일조량이 많은 곳에서 생산된 포도의 경우에는 당도가 높아 알코올 도

8) 미국의 경우에는 75%이상, 유럽과 호주에서는 85%이상으로 규정하고 있다.

9) 그외의 병 사이즈는 매그넘(Magnum : 1.5리터), 더블 매그넘(double magnum : 3리터), 제로보암(Jeroboam : 보르도에서는 5리터, 버건디, 샴페인에서는 3리터) 등이 있다.

수가 13도 내지는 13.5가 되는 경우도 있다. 물론, 강화 와인의 경우에는 이보다 더 높아지게 된다(online available : http://blog.naver.com/joydepark/8897088, http://www.bestwine.co.kr).

2 칵테일

가. 칵테일이란 무엇인가?

여러 종류의 양주를 기주로 하여 고미제(苦味劑)·설탕·향료를 혼합하여 만든 혼합주를 의미하며, 복잡 미묘한 맛을 지닌 보건음료이다. 세계 각국의 술을 그대로 마시지 않고 마시는 사람의 기호와 취향에 맞추어 독특한 맛과 빛깔을 내도록 하는, 술의 예술품이라 할 수 있다.

칵테일이라는 명칭의 유래는 여러 설이 있으나, 1795년경 미국 루이지애나주(州) 뉴올리언즈에 이주해온 A.A.페이쇼라는 약사가 달걀노른자를 넣은 음료를 조합해서 프랑스어로 코크티에(coquetier)라고 부른 데서 비롯되었다는 설이 있다. 또다른 유래는 미국 독립전쟁 때 지금의 뉴욕시 북쪽에 엠스훠드(Elmsford)라는 영국 식민지에 Four Corner inn이란 바를 Betty Flanagan이 운영하였는데, 그녀는 독립의지가 높은 사관생들의 동경의 대상이 되었다. 전쟁이 승리로 끝난 어느날 밤 그 여자는 팔을 걷어붙이고 대형 펀치볼(punch bowl)에다 자기 바(bar)에 있는 술들을 붓고 보기 좋게 닭꼬리 하나를 장식하였다. 한 사관생이 이렇게 예쁜 닭꼬리를 어디서 난 것이냐고 묻자, 그녀는 보기싫은 영국남자가 키우고 있는 수탉을 슬쩍하여 온 것이라고 말하였다. 그 뒤 섞어서 마신 술을 '수탉꼬리(Cocktail)'에서 연유하였다고 하여 칵테일이라고 부르게 되었다는 설도 있다(황해정·이복희, 2001; http://www.cocktail.uk.com).

이와 같이 칵테일은 미국에서 처음 만들기 시작했다고 하나, 혼성음료를 만드는

습관은 반드시 미국에서 시작된 것은 아니고, 인도나 페르시아에서는 예로부터 펀치(punch)라는 혼성음료를 만들고 있었다. 그것이 에스파냐사람에 의해 서인도나 유럽에 전해졌다는 기록이 있다. 또 1737년에 죽은 영국의 육군대령 F. 니거스가 양주를 배합하여 진기한 혼성음료를 발명하고 니거스란 자기의 이름을 붙였다는 설도 있다.

그러나 칵테일의 유행은 역시 미국에서 시작되었다고 할 수 있으며, 그 후 미국에 금주령이 내렸을 때 바텐더들의 대다수가 실직하여 유럽에 건너가 여러 종류의 칵테일을 만듦으로써 유럽에도 유행하게 되었다. 제1차 세계대전에는 일부 특수층에서만 애음되다가 이 전쟁을 치르는 동안 주둔지 군인들이 칵테일을 요구하게 되면서 일반화되었다.

칵테일이 한국에 들어온 것은 그 연대가 확실하지 않으나 한말 미국대사관이 개설된 이후라고 생각되며, 대중화된 것은 8 · 15광복 후로 보인다.

나. 칵테일의 기주

기주(base liquor)에는 양조주 · 증류주 · 혼성주 · 발포주등이 있다. 대표적인 양조주는 포도주이고, 이 밖에 맥주 · 청주 · 과실주 등도 있으나 칵테일용으로는 그리 많이 쓰이지 않는다.

증류주도 칵테일의 기주로 많이 사용되는데, 위스키 · 브랜드 · 진 · 보드카 · 럼 · 아락 · 키르시 · 소주 · 노주(老酒) · 데킬라 등이 그것이다. 그 중에서도 위스키 · 브랜디 · 진 · 럼 · 데킬라 등이 많이 쓰인다.

혼성주로는 리큐어 · 베르무트 등이 있고, 이 술들은 그대로 마실 수도 있으나, 칵테일하면 더 좋은 맛을 내므로 많이 애용된다.

발포주는 샴페인 · 스파클링 와인 같은 술이며, 이것도 기주로 많이 쓰인다.

현재 칵테일의 종류는 3,000여 종에 이르는데, 함께 드는 음식의 종류와 마시는 때에 맞추어 칵테일의 종류를 달리 하며, 단맛 · 쓴맛 · 신맛 등에도 여러 변화를 주어 칵테일의 특색을 살린다. 또 기주 이외에 칵테일의 향미에 뉘앙스를 주고 풍미를 돋우기 위해 비터스(bitters)를 넣는다.

칵테일이나 양주를 마실 때는 소량의 고미(苦味 : 쓴맛)가 필수적이므로 비터스는 빼놓을 수 없으며, 동시에 건위제나 강장제의 구실도 한다. 또 비터스는 술을 희석할 수도 있고 기호에 따라 탄산수 · 진저에일 · 토닉 워터 · 콜라 등에 섞기도 한다.

술의 저장은 여러 가지 방법으로 하나 대체로 냉암소에 보관하며, 1번 마개를 딴 것은 되도록 빠른 시일 안에 마시는 것이 좋다. 병째로 장기간 두었을 때 잘 발효되는 것으로 생포도주가 있는데, 병에 품종 · 연호를 표시해 두는 것은 이 때문이며, 그것을 빈티지 와인(vintage wine)이라 한다. 특히 포도주는 마개를 딴 후 3~4일 안에 마시지 않으면 맛이 변하므로 주의해야 한다.

다. 칵테일의 구분

1) 롱드링크와 숏드링크

수천 종의 칵테일종류는 롱드링크(Long Drinks)와 숏드링크(Short Drinks)의 2가지로 나뉜다.

롱드링크는 오랫동안에 걸쳐 마시는 것으로, 텀블러 같은 글라스나 사워 · 고블렛 · 콜린즈 등의 큰 잔을 사용하며 탄산수 · 물 · 얼음 등을 섞어서 만든다. 하이볼 · 진피즈 등이 이에 속한다.

숏드링크는 단시간에 마시는 적은 양의 것으로 작은 칵테일잔, 즉 리큐어 · 진 · 셰리주 · 에인젤 키스 등의 글라스를 사용한다. 서너 모금에 다 마셔야 제 맛이 나므로 칵테일 잔이 울기 전에 마시라는 충고가 있다. 맨해튼 · 드라이 마티니 등이 이에 해당된다.

2) 장소와 시간에 따른 분류

칵테일을 마시는 때와 그 장소에 따라 분류하면 다음과 같다.

① 애피타이저 칵테일(appetizer cocktail) : 애피타이저란 식욕증진이라는 뜻이며,

식사 전에 한두 잔 마시는 칵테일이다. 단맛과 쓴맛이 각각 나도록 만드는데, 단맛을 위해서는 체리를, 쓴맛을 위해서는 올리브를 장식해서 낸다. 어느 것이나 다 술과 같이 먹어도 좋다.

② 크랩 칵테일(crab cocktail) : 정찬의 오르되브르 또는 수프 대신 내놓는 것으로, 먹는 칵테일이다. 신선한 어패류와 채소에 칵테일 소스(브랜디 · 비터스 · 토마토케첩을 섞은 것)를 얹은 것으로, 샴페인 글라스 · 슈림프스 글라스 등에 담아낸다. 크랩 칵테일 · 로열 클로버 등이 이에 속한다.

③ 비포 디너 칵테일(before dinner cocktail) : 식사 전의 칵테일로서 상쾌한 맛을 내는데, 마티니 미디엄 칵테일 · 맨해튼 미디엄 칵테일 등이 있다.

④ 애프터 디너 칵테일(after dinner cocktail) : 식후의 칵테일로, 먹은 음식물의 소화를 촉진시킬 수 있는 리큐어를 쓴다. 브랜디 칵테일 · 알렉산더 칵테일 등 단맛나는 것이 많다.

⑤ 서퍼 칵테일(supper cocktail) : 만찬 때 마시는 것이지만 일명 비포 미드나잇 칵테일(before midnight cocktail)이라고도 하며, 그 경우에는 단맛나는 양주를 쓴다.

⑥ 샴페인 칵테일(champagne cocktail) : 연회석상에 내는 것으로, 그 많은 것이 낱낱이 글라스마다에서 만들어져 제공된다. 그러나 복잡한 여러 가지 종류의 양주를 배합해야 하는 경우에는 1번에 큰 셰이커에서 흔들어 만들어 글라스에 따르고 샴페인을 넣어 샴페인 글라스로 마신다.

표 7-6 칵테일 용어

구분	내용
셰이크(shake)	교반기(셰이커)에 양주 · 설탕 · 시럽 등을 정량 넣어 얼음덩이와 함께 흔들어 혼합하는 것이다.
싱글(single)	술의 용량을 나타내는 것으로, 30mℓ를 말하며, 더블은 그 2배이다.
스퀴즈(squeeze)	과실의 즙을 짜는 것을 말한다.

구분	내용
스터(stir)	바스푼으로 술을 휘저어 섞는 것을 말한다. 셰이크하면 술이 탁해질 경우에 사용한다.
스노 스타일(snow style)	칵테일 글라스 가장자리에 레몬즙을 묻히고 그 위에 설탕을 묻혀 눈(雪)처럼 보이게 한 것이다.
슬라이스(slice)	과일을 얇게 썬 것이다.
대시(dash)	맨해튼·마티니 등의 칵테일에 비터스를 한 방울 떨어뜨리는 것을 말한다.
체이서(chaser)	독한 술을 마신 후 입가심으로 마시는 물이나 탄산수이다.
드롭(drop)	마지막에 비터스 한 방울을 떨어뜨리는 것으로 대시와는 구별해서 쓴다.
필(peel)	과일 껍질을 이르는 말인데, 여기서는 레몬이나 오렌지의 작은 조각을 강하게 움켜쥐어 칵테일에 즙을 짜 넣어 향을 내는 것을 말한다.
프라페(frapper)	칵테일 글라스에 부순 얼음조각을 산같이 많이 넣고 그 위에 단술(甘酒)을 넣은 것으로, 마실 때는 스트로(straw)를 사용한다.
베이스(base : 기주 또는 밑술)	칵테일을 만들 때 기본이 되는(분량이 많은) 양주를 말한다.

자료 : http://100.naver.com/100.php?id=150633

라. 칵테일의 제조기구

칵테일은 기주인 양주의 특성을 살리면서 블렌드된 맛을 얻기 위해 다음과 같은 기구가 쓰인다.

① 셰이커(shaker : 교반기) : 보디(body)·스트레이너 톱(strainer top)·캡의 3부분으로 구성되어 있다. 양주에 과즙·설탕·시럽 등을 섞고 얼음이 녹지 않게 급히 냉각시키는 구실을 한다.

② 믹싱 글라스(mixing glass : 혼합 유리잔) : 셰이커로 급히 혼합해서 흐려지거나 맛이 변하는 것을 이 기구를 써서 방지한다.

③ 스트레이너(strainer : 여과기) : 셰이커 또는 믹싱 글라스로 혼합한 칵테일을 유리잔에 옮길 때 얼음이 쏟아져 나오지 않게 하는 기구이다.

④ 바스푼(barspoon) : 술을 혼합하거나 체리 · 올리브를 떠 담을 때 쓰는 손잡이가 달린 스푼이다.

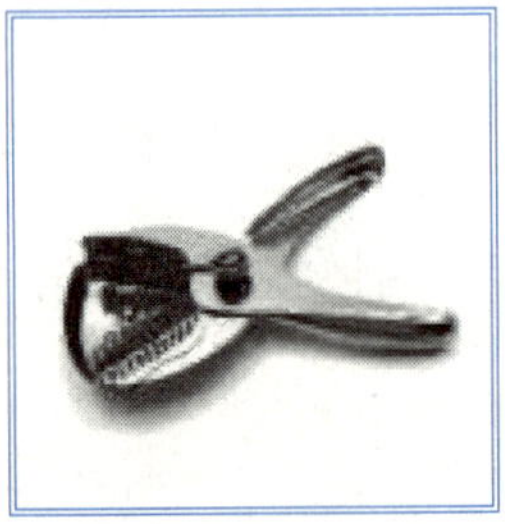

⑤ 스퀴저(squeezer) : 과일의 생즙을 짜는 기구이다.

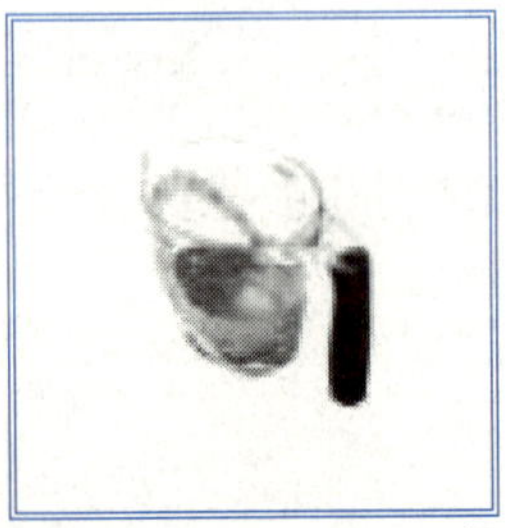

⑥ 메저 컵(measure cup : 계량컵) : 지거 글라스(jigger glass)라고도 한다. 계량컵으로 30 mℓ 들이와 40 mℓ 들이가 있다.

⑦ 비터스 바틀(bitters bottle) : 칵테일에 쓰이는 양념은 독특한 풍미와 의약적인 효과를 가지고 있는데, 그것을 잘 보존하기 위해 사용하는 유리병이다. 비터스는 소량씩 사용하므로 끝에 뾰족한 방출구가 달려 있다.

마. 칵테일 제대로 마시기

1) 칵테일 고르기

① 식사 전

식전술에는 올리브, 레몬, 파인애플, 체리 같은 것들이 곁들여 나오는 수가 많다. 이것들은 타액의 분비를 촉진시키는 것이므로 남기지 말고 먹는 것이 좋다. 꽂이가 달려 있는 것은 꽂이를 집고 먹으며 레몬 같은 것은 손으로 집어먹는다. 물론 신 것을 좋아하지 않는 사람은 그대로 글라스 속에 남겨 놓아도 된다. 글라스의 술을 다 마시기 전에는 먹은 올리브의 씨를 그 글라스 속에 남겨 놓기가 어렵다. 따라서 씨는 종이 냅킨 같은 것에 싸서 주머니나 핸드백 속에 넣었다가 후에 버리는 것이 스마트하다.

맛의 특징	입맛을 돋울 수 있는 칵테일로 상쾌하고 약간 쌉싸름한 맛
칵테일 종류	맨하탄, 마티니, 스크루 드라이버, 블랙 벨벳, 아도니스, 민트 프라페 등

② 식후

후식용으로 약간 단맛을 주는 칵테일이 좋다. 알렉산더, 아이리시 커피, 엔젤스 키스, 블랙 러시안 등

맛의 특징	후식용으로 약간 단맛을 주는 칵테일이 좋다
칵테일 종류	알렉산더, 아이리시 커피, 엔젤스 키스, 블랙 러시안 등

③ 언제 어느 때나

거의 모든 칵테일이 여기에 해당한다. 식전, 식후, 낮, 밤 언제 먹어도 좋은 칵테일이다.

밤에 자기 전에 숙면을 취하기 위해 마시는 술은 브랜디를 기주(base liquor)로 한 칵테일이 여기에 속하며 달걀을 이용한 것도 좋다.

맛의 특징	거의 모든 칵테일을 포함함
칵테일 종류	브랜디를 기주(base liquor)로 한 칵테일이 여기에 속하며 달걀을 이용한 것이 좋음

2) 칵테일 에티켓

칵테일을 마실 때도 그에 맞는 예법이 있다.

① 마시기 시작해서

먼저, 칵테일은 즐겁게 마시며 상대방의 칵테일 솜씨를 칭찬하는 것도 좋다. 한 모금씩 음미하며 마시며 장식된 것은 반 정도 마신 후 하나씩 떼어 먹어도 좋다. 또한 마실 때 소리를 내거나 (특히 뜨거운 것) 잔을 내려놓을 때 소리가 나지 않도록 하고 잔은 올바로 잡고 마신 뒤 항상 오른쪽에 놓는다.

② 마시는 도중에

과음하지 않도록 하고 술냄새가 상대방에게 풍기지 않도록 조심한다. 술에 취하지 않으려면 속이 빈 상태에서 마시지 말고 부득이한 경우에는 간단한 음식을 먹는다. 즐겁게 대화를 많이 한다. 음주 후에 가벼운 운동으로 땀을 빼서 빨리 배출하는 것이 건강에 좋다.

③ 다른 사람과의 교류

같이 어울린 사람들이 모두 식전술을 마시고 있는데 술을 못하는 남성이나 여성이 한두 사람 아무 것도 안마시고 그냥 있는 것은 멋쩍고 보기에도 그리 좋지 않다. 따라서 그냥 있는 것은 멋쩍고 보기에도 적당히 마시는 것이 좋은데, 이것도 체질상 진저에일이나 Seven-up이 아니면 Coke라도 마시는 것이 에티켓이다.

④ 칵테일을 마시는 요령

칵테일을 한 잔 더 청할 때는 되도록 처음에 마신 것과 같은 것을 마시는 것이 좋다. 그렇지 않을 때 이것이 마신 뒤끝이 언짢은 원인이 되기 쉽다. 칵테일은 식욕 증진을 위한 구미주이므로 모두 차게 해 3각형의 Cocktail Glass에 담아서 서브된다. 따라서 이 칵테일 글라스를 잡을 때에 칵테일이 들어 있는 부분을 잡고 술을 따뜻하게 해서는 술을 차게 한 의미가 없어진다. 손잡이 부분을 손가락 끝으로 집어 잡는 것이 좋다. 같은 이유에서 칵테일은 핥듯이 시간을 끌며 천천히 마셔서는 안 된다. 칵테일은 세 모금이나 네 모금으로 될 수 있는 대로 빨리 마셔야 한다. 만든 지 10분쯤 지나면 섞인 재료가 분리되어 칵테일의 본질이 없어지게 된다 (http://www.cocktailnara.com/, http://cocktailclub.hihome.com/).

08 Chapter

국제매너와 에티켓

제 8 장 국제매너와 에티켓

1 에티켓(Etiquette)의 유래

원래 프랑스어로 'Estiquier'(나무말뚝에 붙인 표지 : 출입금지)라는 용어에서 생겨났다고 한다. 그 유래를 살펴보면 옛날 베르사이유 궁전의 화원에 어느 몸가짐 나쁜 사람이 들어가 아름다운 꽃을 밟아버린 사건이 생기자 화원 주변에 출입금지라는 뜻으로 말뚝을 박아 출입을 막았다. 그 후 사람들은 단순히 '화원 출입금지' 라는 뜻뿐만 아니라 남의 '마음의 화원'을 해치지 않는다는 뜻으로 넓게 해석하여 예절이란 뜻으로 사용하게 된 것이라고 한다. 또 다른 유래는 13세기 프랑스에서 국왕을 알현하기 위해 베르사이유 궁전에 들어가는 사람에게 궁전의 예법을 기록한 쪽지(estiquette)를 나누어 준데서 기인한다고 한다.

2 서양 에티켓의 기본개념

가. 상대방에게 호감을 준다.

- Charming 하게 보이도록 노력

- Mind P's and Q's

  Say Please, Thank you and Excuse me.

나. 상대방에 해를 끼치지 않는다.

- 상대방을 생각해 주는 행위

다. 상대방을 존경한다.

- "Left-hand lady is not a lady."라는 말이 있다. 직역하면 "왼편에 있는 여성은 진정한 여성이 아니다"라는 말이다. 따라서 여성이나 예우를 해야 할 사람과 동행할 때 항상 그들을 당신의 오른편에 모셔야 한다.

3 인사법 : 악수, 가벼운 인사(목례), 포옹, 손에 하는 입맞춤

가. 악수

1) 악수의 순서

악수의 순서는 여성이 남성에게, 손윗사람(연장자)이 손아랫사람에게, 선배가 후배에게, 기혼자가 미혼자에게, 상급자가 하급자에게 손을 내밀어 악수를 청하는 것이 상례이다. 그러나 국가원수, 왕족, 성직자 등은 이러한 기준에서 예외가 될 수 있다.

2) 악수하는 방법

악수는 오른손으로 하는 것이 원칙이며, 오른손이 부상을 당하거나 그 외에 다른 이유로 부득이한 경우 흔히 왼손은 부정적으로 여기므로 양해를 얻어 사양하는 것도 방법이다. 또한, 손을 쥘 때 어느 정도 힘있게 잡는 것이 좋다. 너무 느슨하게 잡는 것은 신뢰감의 결여로 보일 수 있다. 그러나 여성의 경우 너무 강하게 잡지 않도록 한다. 손을 흔들 때 상하로 가볍게 흔들되 자신의 어깨보다 높이 올려 흔들지 않는다. 또한 여성과 악수를 할 때 남성과 할 때처럼 손을 흔들지 않는 것이 좋다.

3) 왕족, 국가원수와의 악수

왕과 왕족에게 할 때 왕에게 소개되면 머리를 숙이고 공손히 인사한다. 그리고 그들이 악수를 청하면 재차 머리를 숙여 인사하고 악수에 응한다. 여성의 경우 왕에게 예의(Courtesy : 왼발을 뒤로 빼고 가볍게 무릎을 굽혔다 편다)를 표하고 왕이 청한 손을 잡고 악수한다.

4) 대통령

남성은 왕의 경우와 같은 방법으로 하고 여성의 경우 머리를 숙이고 악수에 응한다.

5) 악수할 때의 일반적인 에티켓

남성의 경우 장갑을 벗는다. 여성의 경우 승마장갑 내지는 청소용 장갑이 아닌 경우 벗을 필요가 없다. 상대방의 눈을 보며(Eye contact) 악수를 한다. 비굴하게 보이지 않도록 하여야 한다. 예를 들어 머리를 숙이거나 왼손을 겹친다거나 하는 쓸데없는 행위는 하지 않아야 하며, 손아래 사람에게 할 때도 어깨를 치거나 껴안는 행위는 하지 않는 것이 좋다.

또한 악수를 청할 때 남성은 자리에서 일어나는 것이 에티켓이며 여성은 앉은 채로 받아도 상관없다.

나. 가벼운 인사-목례

서양 사람들도 이제는 어느 정도 동양문화 또는 유교(Confucianism)문화에 노출되었기 때문에 목례하는 것을 낯설게 여기지 않고 좋아한다.

다. 포옹

라틴 및 슬라브계 사람들은 양쪽 볼에 입을 맞춘다. 친할수록 횟수가 많으며, 영국에서는 남성이 여성에게만 한쪽 볼에 한 번만 한다.

라. 손에 입맞춤

결혼한 여성에 대한 정중한 인사로서 남성이 여성의 손을 잡고 상반신을 굽혀 가볍게 손등에 입술을 대는 행위이다. 오늘날 영국이나 미국에서는 거의 찾아 볼 수 없으며 영국의 왕실조차 황후의 손에 입맞춤하는 행위는 구태의연한 관습으로 규정해 놓고 있다. 반면 기타 유럽국가나 라틴계 남미국가의 일반사교계에서는 아직도 자연스럽게 이루어지고 있는 에티켓의 하나이다.

4 테이블 매너

테이블 매너의 기본정신은 형식에 있는 것이 아니라 서로 요리를 맛있게 먹기 위한 데 있다. 요리의 맛은 조리사의 솜씨나 재료에 의해 결정되는 것만은 아니다. 식사하는 곳의 분위기 및 누구와 함께 식사하는 가에 따라 달라질 수 있다.

요리를 맛있게 먹으려면 미각 외에도 시각(순백의 테이블보, 부드러운 조명), 후각(와인의 독특한 향기, 향신료의 냄새), 청각(아름다운 음악이나 노래, 스테이크 지글거리는 소리), 촉각(빵의 촉감, 실내온도)의 5감이 전부 만족되어야 한다.

따라서 이런 좋은 분위기를 깨뜨리는 행위(어울리지 않는 복장, 냄새가 강한 향수, 큰 목소리로의 대화, 히스테리컬한 웃음, 은식기 및 기타도구에서 나는 소리) 등은 삼가도록 신경써야 한다.

식사 이전에 예약을 반드시 하는 것이 좋다. 예약시 예약자의 성명(특히 성(surname)을 분명히 밝힌다), 날짜, 시간, 총 참석자의 수를 분명히 밝힌다. 또한 예약시 모임의 목적을 밝히면 그 모임에 맞는 서비스를 기대할 수 있다. 마음에 정해

둔 와인이나 요리가 있으면 예약시 미리 주문하는 것도 좋다. 레스토랑에 들어서면 우선 지배인이나 리셉셔니스트(receptionist)가 예약을 확인한 다음 자리로 안내하므로 그때까지 기다려야 한다. 모자, 코트, 가방(핸드백은 예외일 수 있음) 등 부피가 있는 소지품은 클로크 룸에 맡기는 것이 원칙이다.

식당 안에서는 테이블의 위치가 마음에 들지 않는 경우 안내 종업원에게 다른 자리를 제안할 수 있다. 호스트(Host : 식사를 초대한 사람)가 초대손님(특히 여성이나 연장자)을 먼저 상석(호스트의 오른편, 전망이 좋거나 무대가 잘 보이는 자리)에 앉게 한다. 웨이터가 하도록 기다리는 것보다 호스트가 직접 의자를 빼 드리고 다시 밀어 드리고 하는 것이 더 좋은 예의이다. 호스트는 말석에 앉는다(〈그림 8-1〉 참조).

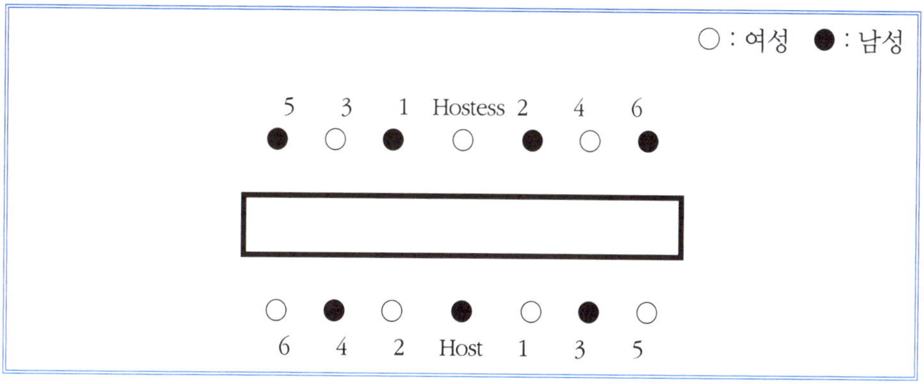

그림 8-1 주빈이 없는 부부 동반의 연회

가. 식사 에티켓

① 중요한 분은 항상 자신의 오른편에 모신다(〈그림 8-1〉 참조).

② 웨이터나 남성이 의자를 빼주면 여성은 왼쪽에서부터 의자 앞으로 가 앉는다.

③ 의자에 앉을 때는 허리를 깊숙이 하여 앉고 상체는 꼿꼿이 세운다.

④ 아무 것도 하지 않을 때의 손은 자연스럽게 테이블 위나 무릎 위에 올려놓는다.

⑤ 팔꿈치를 테이블 위에 세우거나 턱을 괴는 등의 행위는 삼간다.

⑥ 테이블보는 모두가 자리에 앉은 것을 확인하고 난후 무릎 위에 펼친다.

⑦ 핑거볼(Finger bowl : 손가락을 씻도록 깨끗한 물이 담긴 그릇)을 사용한 후 손을 냅킨에 닦는다.

⑧ 냅킨을 사용하여 입을 닦을 때는 세게 밀어 닦지 않고 가볍게 입술을 눌러 가며 닦는다.

⑨ 와인을 먹기 전에 입을 닦는 것이 예의이다 (불순물이 컵에 묻지 않도록 하기 위해).

⑩ 식사가 끝난 후에 냅킨은 지나치게 깨끗이 접어놓거나 처음처럼 다시 접어놓지 않도록 한다(사용치 않은 냅킨으로 착각할 수 있으므로).

⑪ 나이프는 오른손 그리고 포크는 왼손으로 사용하는 것이 상례이다.

⑫ 포크와 나이프는 음식의 종류에 따라 각각 다른 것을 사용하는데, 잘 모르는 경우 세팅(준비)되어 있는 포크와 나이프를 바깥쪽에 있는 것부터 순서대로 사용한다.(〈그림 8-2〉 참조)

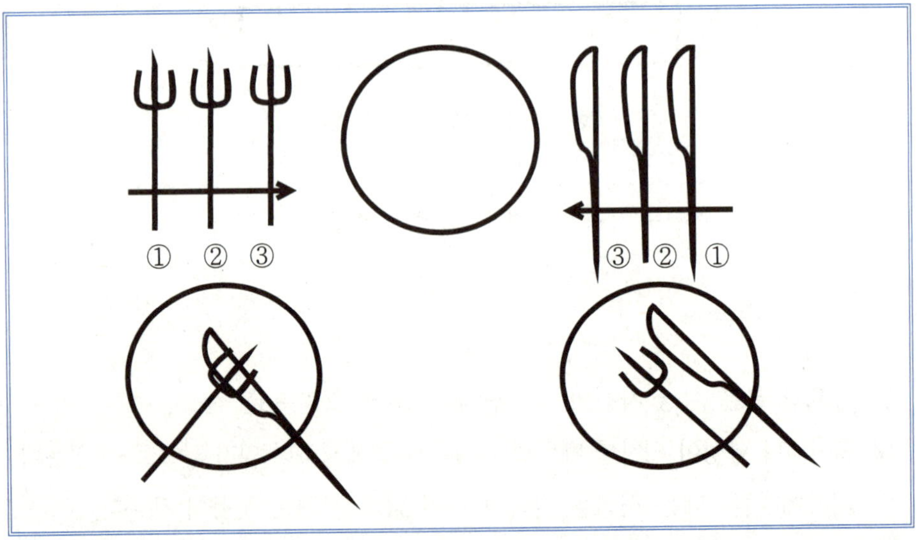

자료 : 왼쪽의 모양이 식사중일 때의 포크와 나이프의 형태이고, 오른쪽은 식사가 끝났을 때의 형태임.

〖그림 8-2〗 식사 예절

나. 기타사항

식전주(Aperitif)는 식욕을 촉진하기 위해 마시는데 식전주로는 셰리(Sherry)주가 대표적이다. 셰리주는 스페인산 백포도주를 말하고 맛이 담백하고 곰팡내가 나는 듯한 것이 특색이다. 식전용 칵테일로는 남성의 경우 마티니(Martini), 여성의 경우 맨허튼(Manhattan)이 좋다. 그밖에 즐겨 마시는 식전주로는 마가리타(Margarita), 캄파리(Campari), 듀보네(Dubonet), 샴페인(Champagne), 위스키(Whiskey) 등이 있다.

① 수프를 맛도 보기 전에 소금이나 후추를 더하는 것은 조리사에 대한 모독이다.
② 수프를 입으로 불어 가면서 먹는 것은 좋지 않다.
③ 빵은 손으로 적당히 잘라서 빠터나 잼에 발라 먹는다. (White or brown?)
④ 스테이크를 주문시 'How would you like your steak?'하고 물으면
⑤ 아주 덜 익히길 원하면 'rare please'라고 대답하고 또는 그 반대로 아주 많이 익히길 원하면 'well done please' 라고 내납하년 뇐다. 그 중간에는 medium과 medium well done이 있다.
⑥ 그리고 나서 어떤 가니쉬(garnish : 주요리에 곁들인 탄수화물이나 야채로 주로 감자나 당근이 대표적이다)를 먹을 건지 묻는다. 감자를 예로 들면 으깬감자(mashed potato), 쟈켓포테이토(jacket potato : 껍질 통째로 구운 감자이며 속에 사우어크림이나 버터 등이 들어간다) 또는 튀긴감자(fried potato)를 원하는지 물어볼 것이다.
⑦ 육류나 조류는 레드와인 생선은 화이트와인이 일반적이다. 레드와인은 유럽의 일반적인 실내 온도(16-18℃)가 적정하고 화이트 와인은 차게 해서 마시는 것이 일반적이다.

싱글몰트(Single Malt) 위스키란 주로 스코틀랜드 지방의 약 100여개 이상의 증류소(distillery)에서 순수 맥아만을 사용하여 만든 위스키로서 그 자체로서 매우 독특한 향과 맛을 지니고 있다. 블랜디드 위스키의 중요한 원료가 되며 스카치 위스키협회가 규정을 만들어 관리하고 있다. 싱글몰트 위스키는 제조하는데 많은 시간과 정성이 필요하므로 가격이 상대적으로 높다. 싱글몰트 위스키는 다양하지만 세계 판매량 Top 3인 유명한 위스키로는 더 맥켈란(The Macallan), 글렌피딕(Glenfiddich), 더 글렌리벳(The Glenlivet)이 있다. 미국에서는 글렌피딕이 아주 인기가 많은데 참고로 Glen은 계곡(Valley)이고 fiddich은 숫사슴(stag)이라는 의미의 스코틀랜드 언어이다.

▌그림 8-3▐ 싱글몰트 위스키

09 Chapter

여권 및 비자발급

제 9 장 여권 및 비자발급

1 여권

그림 9-1 일반여권, 관용여권, 외교관여권

여권의 종류에는 일반여권, 관용여권, 외교관여권이 있는데 일반여권의 경우 단수여권과 복수여권이 있다. 외교관여권은 대통령, 국회의장, 대법원장, 국무총리, 전직대통령, 글들의 배우자, 외교통상부장관, 외교부소속 공무원에게 발급되며 기타 외교통상부장관이 인정하는 자에게 발급되는 여권이다. 관용여권은 공무로 여행하는 공무원 및 정부투자기관의 임직원 등과 기타 외교통상부장관이 인정하는 자에게 발급되는 여권이며 그 외는 모두 일반여권을 사용해야 한다. 여권의 색깔이나 디자인이 맘에 들지 않는다고 함부로 바꿀 수 있는 것이 아니다. 단수여권은 유효기간 중에 1회 사용하면 기간이 만료되는 것이고, 복수여권은 유효기간 동안 여러 번 사용이 가능한 것입니다. 일반적으로 10년짜리 복수여권을 많이 발급하며 24면 또는 48면짜리를 선택할 수 있다. 18세 미만인 경우 인감증명서, 인감도장, 신분증, 여권사진 2장, 법정대리인(부 또는 모) 동의서, 발급신청서, 그리고 소정의 발급비용이 필요하다. 법정대리인 동의서와 발급신청서는 시청에 구비되어 있으며 자녀는 동행할 필요가 없다.

▎그림 9-2▎ 여권의 전자칩

사진출처 : 뉴시스

2008년 8월 25일 대한민국은 전자여권을 발급하는 국가가 되었다. 이미 많은 선진국들이 전자여권제도를 도입하여 입출국 절차를 간소화하고 비자면제 같은 혜택을 볼 수 있도록 하였다. 미국입국허가를 위해 ESTA(Electronic System for Travel Authorization) 웹사이트를 이용하는 경우 이러한 접자여권이 필요하다. [그림9-2]의 전자칩 디자인은 국제민간항공기구(ICAO : International Civil Aviation Organization)라는 국제기구에서 정한 전자여권을 표시하는 국제적인 공통로고이다. 간편한 출입국심사를 위해 인천공항의 법무부 자동출입국심사 등록센터를 방문하여 지문인식 및 얼굴사진 등록을 하면 된다. 그리고 난 후 출입국심사 통과를 위해 자동출입국심사대에 본인의 여권을 스캔하고 지문을 인식시키면 자동으로 문이 열려 통과

하게 되어 불필요한 대기시간을 줄여준다. 이처럼 국외여행을 위한 절차는 시간이 지날수록 점차적으로 더 편리하고 간소화 될 것이다. 그럼에도 불구하고 전자여권의 개인정보가 해킹당해 악용 될 소지가 여전히 존재하므로 보안에 더욱 유의하여야 할 것이다.

2 비자발급

가. '비자(VISA)'의 정의

비자는 방문하고자 하는 상대국의 정부에서 입국을 허가해주는 일종의 허가증으로 이를 비자라고 한다. 여행계획을 세우고 방문하고자 하는 국가가 결정되면 방문하고자 하는 나라에서 비자를 필요로 하는지를 확인해야 한다. 비자가 필요한 국가들 중에는 방문목적에 따라 체류기간이 다를 수 도 있고, 요구하는 구비서류도 다른 경우가 있다.

최근 우리나라는 많은 나라들과 비자면제협정을 맺고 있으며, 이들 국가들은 단기간의 여행시에는 비자가 필요치 않으나, 허용하는 기간을 초과하여 체류할 때에는 반드시 체류목적에 맞는 비자를 받아야 한다. 비자에는 입국의 종류와 목적, 체류 기간 등이 명시되어 있으며, 여권의 사증에 스템프나 스티커를 붙여 발급하게 된다.

나. 비자의 종류

비자의 종류는 방문목적, 체제기간, 사용횟수 등에 따라 다음과 같이 분류할 수 있다.

1) 방문목적별

관광비자, 학생비자, 방문비자, 주재원비자, 경유비자, 이민비자, ARRIVAL비자,

문화공연 비자

2) 체류기간별

영주비자, 임시비자

3) 사용횟수별

단수비자, 복수비자

다. 국가에 따른 비자발급

미국을 관광하는 경우 예전에 미국 대사관에 가서 하루 종일 기다려서 관광비자를 발급 받을 필요 없이 이제 미국은 비자면제 국가이므로 미국으로 향하는 비행기에 승탑하기 위해서 일종의 여행허가서가 필요하다. 2008년부터 한국이 미국비자면제프로그램에 가입되어 2010년부터 전자여행허가제(ESTA : Electronic System for Travel Authorization) 웹사이트를 이용하여 온라인 신청서를 작성하고 입국허가를 받아야 한다. 특히 다만 주의할 사항은 최소한 출국 3일 전에 신청하여야 한다.

일본의 경우 대한민국 국민은 2006년 3월부터 사증면제초치에 해당되어 무비자로 입국이 가능한데 일반여권 소지자의 90일 이내 단기체류 또는 외교관 및 관용여권 소지자의 90일 이내 단기체류를 하는 경우이다. 따라서 단기체류 기간내에는 다른 국가와 마찬가지로 순수관광 활동만 허용되며 돈을 벌기 위한 상업활동은 불가하다.

중국의 경우 아직 한국과 비자면제협정이 체결되지 않아 입국하기 위해 비자가 반드시 필요하다. 중국 비자의 종류에는 L사증(관광), X사증(유학), F사증(친지방문), Z사증(취업), D사증(영구거류), J사증(언론) 등이 있다. 비자신청을 위해서는 6개월 이상 유효기간이 남은 여권, 신분증 복사본, 비자신청서, 여권용 사진 1매, 왕복항공권과 호텔내 예약확인서가 필요하다. 친지방문의 경우 호텔예약확인서 대신 중국거주 친척과의 친족관계증명서를 제출하면 된다. 비자신청접수는 주한 중국대사관 영사부 지정여행사에서 하며 접수 및 발급시간은 오전 9시에서 오전 11시 30분까지이다(월-금).

표 9-3 국가에 따른 비자 발급

기간	국가 명
3개월 또는 90일	그레나다 , 그리스 · 네덜란드 · 노르웨이 · 뉴질랜드 · 니카라과 · 덴마크 · 도미니카 · 도미니카연방 · 독일 · 라이베리아 · 룩셈부르크 · 리투아니아 · 리히텐슈타인 · 말레이시아 · 멕시코 · 모로코 · 몰타 · 바베이도스 · 바하마 · 방글라데시 · 벨기에 · 불가리아 · 세인트루시아 · 수리남 · 스웨덴 · 스위스 · 스페인 · 슬로바키아 · 싱가포르 · 아이슬랜드 · 아이티 · 아일랜드 · 엘살바도르 · 오스트리아 · 이스라엘 · 자메이카 · 체코 · 코스타리카 · 콜롬비아 · 태국 · 터키 · 트리니다드토바고 · 파키스탄 · 페루 · 폴란드 · 프랑스 · 핀란드 · 헝가리
30일 체류	남아프리카공화국 · 사이판 · 튀니지
60일 체류	레소토 · 이탈리아 · 인도네시아 · 포르투갈
6개월 체류	영국 · 캐나다
기타기간	괌(14일), 마카오(20일), 싱가포르(14일, 연장시 90일), 필리핀(21일), 홍콩(14일)

10 Chapter

한국의 유명 관광지

제10장 한국의 유명 관광지

1 매력적인 국내 관광지

가. 서울

서울은 전통과 현대가 공존하는 도시이다. 게다가 단순히 지리적으로 어느 한 지역에 국한된 지협적인 문화를 보이는 것이 아니라 각 지방에서 모인 다양한 문화와 생활방식이 서로 어울리며 종합적인 문화적 공동체를 형성하고 있다. 실제 서울의 문화란 곧 한국의 문화라 할 정도로 복잡다양한 문화적 특성을 보여준다. 서울 토박이란 말이 별로 통용되지 않는 것처럼 그만큼 서울은 전국 고대와 현대, 그리고 각 지역의 여러 문화가 올라와 함께 공존하며 융화되어 있는 도시라고 보면 되겠다.

참고로 서울 일원에서 행해지는 주요 전통 민속문화로는 송파산대놀이, 답교놀이, 연등놀이 등이 있다. 이 중 송파산대놀이는 조선후기 송파진에서 발생한 탈놀음으로 정월 대보름, 단오, 칠월백

중, 추석 등의 명절 때 거행되며 탈춤 열두마당이 그대로 전승, 가면의 수도 32개로 산대도감의 탈들이 거의 보존되어 있고, 춤사위도 40여 종으로 세분화되어 있는 매우 중요한 민속자료로 보존되어 오고 있는 놀이이다(중요무형문화재 제99호). 한편, 답교놀이는 매년 정월대보름 전후, 거리에 나가서 다리를 밟는 놀이인데 일명 '댁깨' 또는 '다리밟기'라고도 한다. 열두 개의 다리를 밟으면 일년동안 다리에 병이 나지 않고 재앙도 막는다고 하여 고려 때부터 남녀노소 누구나 전국적으로 행하였던 세시풍속이다. 이밖에도 거대도시라는 이미지와 다르게 지협적인 동리 단위의 동제가 서울 각지의 부군당, 도당, 대동당, 동제당 등에서 주기적으로 행해진다(www.knto.or.kr).

1) 서울의 음식

서울의 음식, 팔도의 별미 진미가 없는 것 없다는 서울에서 첫손 꼽힐 만한 것으로, 어느 지역에서도 쉽게 흉내내기 어려운 궁중한식과 유래와 역사가 오래된 설렁탕 이 두 가지를 추천한다.

① 궁중한식

한식집에서 흔히 사용하는 한정식(韓定食)은 본래 우리 고유의 이름이 아니다. 일본관광객들이 한참 밀려오던 70년대, 이들이 알아듣기 쉽도록 했던 것이 그대로 정착된 것으로 보인다. 본래 우리 한식은 상차림의 규모와 찬을 괴는 찬틀에 따라 5첩 반상, 7첩 반상, 또는 9첩 반상 등으로 불리웠고, 사가(私家)에서는 진지상, 임금께 올릴 때는 수라상이라 했다. 그밖에 연회나 잔치를 치를 때는 주연상, 또는 큰상차림으로 불리웠다. 이처럼 지역이나 신분에 따라 상차림의 규모와 오르는 찬의 가짓수가 달

랐던 것은 물론이지만, 모든 것이 서울에 집중되는 현상은 예나 지금이나 크게 다르지 않았던 것 같다. 그래서 지방의 좋은 특미와 찬거리들이 임금님이 있는 궁으로 진상되었고, 그 음식이 궁중에서 대접을 받고 나면 궁을 드나드는 왕족들과 장안의 양반집으로 번져 나갔던 것이다. 운송수단이 발달된 요즘은 지방의 별미와 특미들이 더욱 빠르고 손쉽게 서울로 올라와 전국의 음식이 한상에 오르는 것이 일반화되었다. 특히 찬의 가짓수로 판가름하는 궁중한식은 옛날 임금님의 수라상 수준을 넘어선지 이미 오래고, 궁중의 주연상이나 잔칫상에나 맞먹는 경지에 이르렀다. 대부분 주안상과 진지상으로 두 번에 걸쳐 차려내거나, 코스요리 형태로 7~8가지 또는 10여 가지의 일품요리들이 차례로 나와 후식까지 이어진다. 그 규모와 화려한 상차림은 또한 세계인들을 놀라게 할 만하다. 여기에 은은한 국악가락이라도 얹어놓으면 누구든 탄성을 터뜨리지 않을 수 없을 것이다. 그윽한 한옥분위기를 갖춘 곳이면 더욱 운치있게 즐길 수 있을 것이다.

② 설렁탕

설렁탕은 토박이 서울 사람일수록 "설농탕"이라 부르기를 고집한다. 설렁탕의 유래를 서울 제기동에 있던 선농단(先農檀)에 두고 있기 때문. 임금님이 농삿일을 독려하기 위해 선농단에 제를 올리고, 제물로 바쳤던 소를 잡아 큰 솥에 넣고 푹 끓여 신하들은 물론 참석한 농민들과 함께 나눠 먹었다는 것인데, 소의 가죽만 남기고 소 한 마리를 머리에서 뼈와 내장까지 몽땅 넣고 푹푹 끓여 뚝배기에 밥을 말고 고기를 몇 조각씩 얹어놓았다 한다. 간이나 찬이 따로 없어 소금간을 하고 김치 대신 파를 뽑아 된장을 찍어먹으며 탕을 즐겼다는데, 소 한마리가 다 들어간 진국맛이 누구나 먹을 만했고, 이후 장터음식으로까지 발전하게 됐다고 한다. 지금도 담아내는 그릇은 뚝배기를 사용하고 있고, 소금그릇과 굵게 간 고추가루, 그리고 싱싱한 파와 새콤하게 익힌 빨간 깍뚜기면 그만이다. 고객들의 입맛이 변하고, 탕집들이 경쟁을 의식해 70년대 중반부터 선보이기 시작한 배추 겉절이김치가 이제는 어느 집이나 자연스럽게 하나 더 오른다. 참고로 곰탕이 정육과 사골뼈를 사용해 국물이 맑고 개운한 것이 특징이라면, 설렁탕은 뼈와 잡고기, 내장 등이 고루 들어가 국물이 뽀얗게 우러나와 다소 탁한 빛이 나지만 더욱 진하며 뒷맛이 깊고 시원한 것이 특징이다.

나. 경주국립공원

경주국립공원은 설악산국립공원, 한려해상국립공원처럼 산이나 바다 등 자연경관이 아닌, 세계적으로도 놀라운 문화유산으로 이루어진 국립공원이다. 신라 천년의 찬란한 문화를 꽃피운 경주는 우리 조상이 남긴 찬란한 민족문화의 발자취와 삼국통일의 웅장한 기상이 서려있고 가는 곳마다 명승고적과 전설, 고유민속 등의 수많은 문화유산을 보존하고 있는 한국관광의 대표적인 곳이다. 훌륭한 사적과 문화적 · 역사적 유물이 놀라울 만큼 한 고장에 집중적으로 보존되있고 국보급 또는 세계적으로 가치있는 고고품이 쏟아져 나왔으며, 또 찬란했던 불교문화와 그 예술을 확인할 수 있는 경주는 한마디로 도시 전체가 벽없는 박물관이다. 특히 경주시가 관광특구로 지정된 후 민관이 함께 관광기반시설과 환경개선에 힘을 기울이고 있어 과거 어느 때보다도 훌륭한 관광지역으로 변모하고 있다. 해마다 5백만명 이상이 경주를 찾고 있는 실정이다.

1) 다양한 관광자원

① 남산지구

경주시 남쪽에 솟은 남산에는 80백여 구의 석불과 60여 기의 석탑, 100여개 소의 절터가 남아 있어 노천박물관이라고도 한다. 이같은 남산을 신라인들은 불국토라

여겼으며 남산 자체가 그대로 신라의 절이며 신앙인 셈이다. 남산은 금오봉(468m)과 고위봉(494m)의 두 봉우리에서 뻗어내린 40여개의 계곡과 산줄기들로 구성되어 있고 남북 8km, 동서 4km로 타원형을 이룬다. 남산에 오르지 않고서는 경주를 보았다고 말할 수 없다 할 정도로 명산이다.

유 적	나정, 양산재, 남간사터, 창림사터, 포석정, 배리삼존석불입상, 삼릉, 삼릉골 마애관음보살, 삼릉골 마애선각욕존불상, 삼릉골 선각여래좌상, 삼릉 골 석불좌상, 상선암 마애석가여래대불좌상, 상사암 약수골마애여래대불입상, 용장사터, 신선암 마애보살상, 삼층쌍탑, 칠불암마애석불, 서출지등

② 대본지구

불교를 받아들여 꾸준히 국력을 키워온 신라는 문무왕 8년에 이르러 당의 세력을 몰아내고 명실공히 삼국통일을 이룬다. 호국성격을 띤 불교는 사회전반에 영향을 미쳤으며 불교에 대한 높은 관심과 호국의지는 불사의 원동력이 되었다. 이런 분위기를 느끼게 하는 문화유적지가 옹기종기 모여 있다.

유 적	대왕암, 감은사지, 감은사지 3층석탑, 골굴암 마애여래좌상, 이견대

③ 서악지구

위로는 국가를 위하고 아래로는 벗을 위하여 죽으며 의에 어긋나는 일은 죽음으로써 항거한다는 삼국통일의 기둥이 된 화랑정신의 자취를 찾아볼 수 있는 유적지가 많은 곳이다. 경주시 서쪽에 솟은 송화산, 선도산, 단석산 주변을 일컫는다.

유 적	김유신묘, 태종무열왕릉, 선도산마애삼존불, 두대리 마애불, 금척리 고분군, 단석산 신선사 마애불상군

④ 소금강지구

소금강산은 본래 옛 신라 오악의 하나 곧 북악이라 하여 성스러운 곳으로 여겨졌으나, 이차돈의 순교 이후 소금강으로 불리었으며 불교의 성지로 이름 높은 곳이다.

유 적	굴불사터, 백률사, 나원의 오층석탑, 용담정 일대

⑤ 단석산 지구

단석산은 옛 신라에서 중악이라 불렀으며 김유신이 17세에 삼국통일의 포부를 안고 입산하여 난능이라는 나이 많은 도사한테 전수받아 체득한 신술로 큰 바위를 단칼에 자른 뒤부터 단석산이라는 이름이 붙어졌다고 한다. 신선사 위 산정상에 김유신이 단칼로 잘랐다는 '단석'이 남아 있다.

유 적	마애불상군, 상인암

⑥ 불국사, 석굴암이 있는 토함산지구

예부터 신라 오악의 하나로 숭앙받았으며 죽어서라도 용이 되어 왜구의 침입으로부터 나라를 지키겠다는 문무왕의 서원과 넋이 담긴 대왕암이 토함산 넘어 동해에 있으며, 용악 곧 토함산의 산신이 되었다는 석탈해의 탄생과 죽음에 얽힌 이야기가 산자락에 묻어 있다.

유 적	불국사, 석굴암, 구정동 방형분, 경주민속공예촌, 신라역사과학관

⑦ 대릉원, 첨성대가 있는 시내지구

경주시내에는 그 태고의 위용을 자랑이나 하듯 온통 공원이라 할 만큼 곳곳에 부드러운 능선의 고분들이 산재해 있고 어디를 다녀 보아도 신라천년의 아련한 향수가 묻어난다. 신라문화의 축소판을 보여주는 국립 경주박물관, 반달모양의 언덕

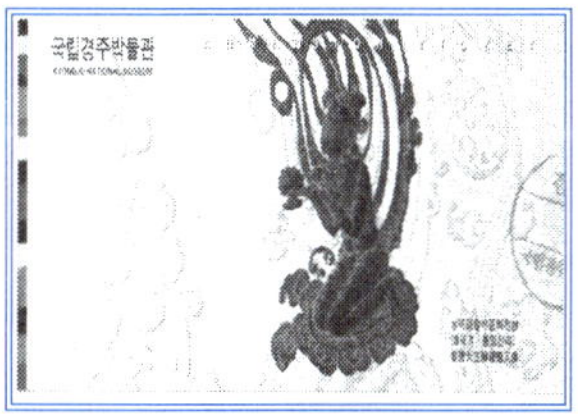

에 궁궐을 세웠던 반월성, 밤하늘 별자리를 관측했던 첨성대, 신라궁궐을 화려하게 장식했던 안압지, 신라 최대의 사찰인 황룡사터 등을 비롯하여 신라천년의 영혼을 묻은 고분 23기가 산재해 있는 대릉원을 비롯하여 노동, 노서고분군 등 과거의 역사와 현재의 삶터가 조화를 이루는 장관이 펼쳐진다.

유 적	국립경주박물관, 반월성, 안압지, 첨성대, 황룡사터, 대릉원

⑧ 양동민속마을이 있는 북부문화권

시내와 떨어져 강동면 양동리에 양동민속마을이 자리잡고 있다. 경주의 문화유산 대부분이 신라시대에 조성된 것에 비해, 양동마을은 조선시대 유교문화를 보여주는 곳이다. 조선시대 고풍스런 가옥들이 잘 보존되어 있고 옛 정취를 느끼게 한다. 15, 16세기경에 이루어진 전형적인 양반촌으로 150여채의 정자, 학당, 사당 등이 늘어서 고색창연함을 자랑한다. 인근에는 회재 이언적 선생을 봉향하고 있는 옥산서원, 독락당 등이 유교문화의 전통을 고이 지켜가고 있다.

유 적	양동민속마을, 옥산서원, 독락당, 정혜사지 13층 석탑, 근계리 입불상

참고자료

양동민속마을 사진 : [스포츠투데이 2003-10-15 10 : 09]

한국관광공사 : www.knto.or.kr

11 Chapter

해외의 유명 관광지

제11장 해외의 유명 관광지

1 세계관광동향

세계관광기구(UNWTO)에 의하면 2010년 전 세계 관광객수는 2009년 보다 5천8백만 명이 증가한(6.7%) 9억3천5백만 명으로 추정한다. 이는 2008년과 2009년의 세계적인 금융위기와 경기침체의 악영향으로부터 예상보다 빨리 회복하고 있는 수치라고 볼 수 있다. 장기적으로 관광산업이 꾸준히 증가해 오고 있는 것은 누구도 부인할 수 없지만 위기는 항상 따라 다녔다.

2차 오일쇼크 및 포클랜드전쟁 발발이 있었던 1982년 이후, 세계관광인구가 감소한 것은 역사상 두번째 일로써 9·11 美테러사건과 주요 관광송출시장의 경제악화를 감소의 주원인으로 꼽을 수 있다. 지역별 동향을 살펴보면 1억 1,510만명을 유치하여 전년대비 5.5% 증가를 기록한 동아시아·태평양 지역이 2,820만명을 유치하여 3.8% 성장한 아프리카지역과 함께 2001년을 플러스 성장으로 마감한 유일한 지역이 되었다. 구주지역은 4억 30만명을 유치하여 전년대비 0.6%의 감소를, 미주지역은 1억 2,080만명을 유치하여 전년대비 5.9%의 감소를 보였다. 중동지역은 2,250만명을, 남아시아는 570만명을 유치하여 각각 전년대비 3.1%, 6.3% 감소했다. 2001년을 정리해보면, 미국 해외여행시장에 대한 의존도가 높은 지역, 자국의 송출국으로부터 원거리에 위치한 지역 및 회교권 지역이 작년 한해 가장 큰 타격을 받은 것으로 나타났다.

한편, 지난해 외래관광객을 가장 많이 유치한 국가는 프랑스, 스페인, 미국, 이탈리아, 중국 순이고 관광외화 수입은 미국, 스페인, 프랑스, 이탈리아 순이다.

이 장에서는 세계관광의 추세를 알아보고, WTO에서 제시한 자료를 바탕으로, 프랑스와 스페인의 관광정보를 소개하였다.

표 11-1 세계관광 성장추세

연 도	관광객(백만명)	성장률(%)	관광수입(10억불)	성장률(%)
1950	25	-	2	-
1960	69	10.6	7	12.6
1970	166	9.1	18	10.1
1980	284	5.5	103	19.1
1990	457	7.5	268	21.0
1991	464	1.3	278	3.7
1992	503	8.4	314	13.0
1993	518	3.1	323	3.0
1994	553	6.8	353	9.1
1995	565	2.2	403	14.3
1996	600	6.2	438	8.6
1997	618	3.0	438	0.1
1998	637	3.1	439	0.3
1999	650	3.8	456	2.7
2000	697	6.8	474	4.5
2001	693	-0.6	462	-2.6

자료 : WTO (2002. 6. 18), 잠정치

표 11-2 주요 국가 외래관광객 현황(2001)

〈단위 : 천명〉

순 위	국 가 명	방 문 객 수	전년대비 증가율(%)	점유율(%)
1	프 랑 스	76,500	1.2	11.0
2	스 페 인	49,500	3.4	7.1
3	미 국	45,500	-10.6	6.6
4	이 탈 리 아	39,000	-5.3	5.6
5	중 국	33,200	6.2	4.8

순 위	국 가 명	방 문 객 수	전년대비 증가율(%)	점유율(%)
6	영 국	23,400	-7.4	3.4
7	러 시 아	-	-	-
8	멕 시 코	19,800	-4.0	2.9
9	캐 나 다	19,700	-0.1	2.8
10	오스트리아	18,200	1.1	2.6
11	독 일	17,900	-5.9	2.6
12	헝 가 리	15,300	-1.5	2.2
13	폴 란 드	15,000	-13.8	2.2
14	홍 콩	13,700	5.1	2.0
15	그 리 스	-	-	-
:				
33	한 국	5,147	-3.3	0.7

자료 : WTO (2002. 6. 18), 잠정치

표 11-3 주요국가 관광수입 현황(2000-2001)

〈단위 : 백만불〉

순위	국 가 명	관 광 수 입		전년대비 증가율(%)	점 유 율 (%)
		2001	2000		
1	미 국	72,300	82,000	-11.9	15.6
2	스 페 인	32,900	31,500	4.5	7.1
3	프 랑 스	29,600	30,700	-3.7	6.4
4	이 탈 리 아	25,900	27,500	-5.7	5.6
5	중 국	17,800	16,200	9.7	3.8
6	독 일	17,200	17,900	-3.7	3.7
7	영 국	15,900	19,500	-18.8	3.4
8	오스트리아	12,000	10,000	19.7	2.6
9	캐 나 다	-	10,700	-	-
10	그 리 스	-	9,200	-	-
11	터 키	8,900	7,600	17.0	1.9
12	멕 시 코	8,400	8,300	1.3	1.8
13	홍 콩	8,200	7,900	4.5	1.8
14	호 주	7,600	8,000	-4.8	1.6
15	스 위 스	7,600	7,500	1.6	1.6
⋮					
19	한 국	6,300	6,800	-7.8	1.4

자료 : WTO (2002. 6. 18), 잠정치

2 세계의 관광정보[10)]

가. 프랑스[11)]

1) 프랑스의 역사

프랑스의 역사는 크로마뇽인으로 대변되는 기원전의 신석기인들. 그 이후의 켈트계 갈리아인. 이 갈리아인들은 줄리어스 시저라는 로마의 장군에 의해 정복당한다.

이후의 샤를마뉴대제의 신성로마제국 황제 즉위, 카페왕조의 계승으로 이 나라는 학문적으로 부흥하게 되고 번영하게 되었다. 성전인 십자군전쟁에 참여하게 되고 영국과의 100년전쟁의 영웅 잔다르크는 오를레앙에서의 대승 후 후앙이라는 도시에서 화형에 처해진다. 태양왕 루이 14세는 프랑스의 패자로서 앙시엥 레짐으로 절대군주의 위치를 지킨다. 그러나 민중의 봉기로 루이 16세 시대에 프랑스는 마리 앙뜨와네트, 로베스피에르, 당통, 마라라는 역사적인 인물을 배출시킨 프랑스 대혁명을 맞이했고 지금도 이날은 국가적인 경축일이다. 이들 중 마리 앙뜨와네트, 로베스피에르, 당통은 혁명의 당사자이자 반대자로서 모두 길로틴이라는 사형대에서 목이 잘렸다.

이 난세에 나타난 나폴레옹 보나파르트는 아는 대로 전 유럽 전부를 정복하고 스스로 황제가 되었으며 결국 100일 천하 후 세인트헬레나 섬으로 유배, 사망했다. 미국의 도움으로 제1차 세계대전, 제2차 세계대전의 폐허속에서 회복한 프랑스는 드골, 지스카르뎅, 미테랑, 시락으로 이어지며 선진국으로서의 위치를 다졌다. 현재는 유럽 대통합의 주도국가로서 몇 가지 큰 사건을 겪었다. 1997년 8월, 영국의 다이아나 황태자비의 교통사고 사망과 1998년 7월의 월드컵 승리라는 2가지 사건은 대단한 반향을 불러일으켜 더 많은 관광객들이 프랑스를 찾는 계기가 되었다.

---

10) WTO에서 제시한대로 관광객 수가 많은 5개국(프랑스, 스페인, 미국, 이탈리아, 중국)을 중심으로 제시함.

11) 프랑스 관광청(http://www.franceguide.or.kr/welcome.html)의 자료를 재구성하였음.

2) 프랑스 지리와 그 외의 것들

프랑스의 면적은 551,000km이며 22개의 지역으로 나뉘어져 있고, 이 지역들은 또다시 95개의 지역구로 분할되어 있으며 36,000개의 도시들로 이루어져 있다. 가장 높은 산의 정상은 사브와(Savoie)지역의 몽블랑 산이며, 그 높이는 4,807km에 이른다. 농산물은 6000종에 이르는 야채와 340종에 이르는 치즈, 그리고 450종류 이상의 포도주가 있다.

프랑스 국기의 색상은 1789년 혁명이후 파랑색, 흰색, 빨강색으로 이루어져 있다. 상징은 수탉인데, 〈gallup〉는 〈수탉〉과 동시에 〈골족(Gallois)〉을 상징한다. 1789년 민중에 의해 바스띠유 감옥을 빼앗은 7월 14일은 국경일로 지정되어 있으며, '마르세이예즈'가 국가이며 이 곡은 1792년 루재 드 리즐에 의해 작곡되었다. 프랑스의 통용 화폐는 프랑(Franc), 상띰(Centime)이며, 유로화가 함께 통용될 것이다. 2002년 1월 1일부터는 프랑스를 비롯한 유럽 12개국에서 통용되기 시작한 유로화의 사용이 점차 자리를 잡아가고 있다[12]. 현재 모든 신용카드나 혹은 은행수표 사용시 유로로만 표시되고 있으며, 은행에서는 프랑화 지폐 및 동전을 받고는 있으나 돌려줄 때는 유로화만 사용한다. 현금 인출기에서도 유로화로만 인출이 가능하다.

참고로 프랑스에서 물품 구입시 영수증에 기입된 프랑, 유로의 총금액이 맞게 계산되었는지 확인하는 것이 좋다. 프랑스에 사용되는 언어는 프랑스어이며, 알자

12) 또한 2002년 2월 17일부터는 모든 상점에서 전면적으로 프랑화를 받지 않고 은행에서만 고객에 한해 프랑화를 유로화로 교환해 주는 서비스를 하고 있다. 현재 유로화를 사용하고 있는 12개국은 프랑스를 비롯하여 오스트리아, 벨기에, 독일, 스페인, 핀란드, 그리스, 아일랜드, 이탈리아, 룩셈부르그, 네덜란드 및 포르투갈이다.

스어, 바스크어, 부르따뉴어, 카탈로니아어, 코르시카어, 오크어 등 여러 가지 지방 방언이 있다. 프랑스의 기후는 '온화'한 편이며, 너무 춥거나 너무 덥지도 않은, 매우 쾌적한 날씨이다. 시차는 한국이 8시간 빠르고, 서머타임 적용시인 4월에서 10월까지는 7시간차가 나타난다.

프랑스와 우리나라는 VISA 면제협정을 맺어, 90일 이내의 체류자는 VISA 없이 입국할 수 있다. 애완동물을 들여올 때에는 생후 3개월 이상이어야 하며 예방접종 증명서가 필요하다.

3) 여행정보

가) 숙박시설

프랑스의 숙박시설은 호텔, 콘도, 민박, 기숙사, 임대아파트, 스튜디오, 고성 호텔, 유스호스텔, 캠핑 등 매우 다양하여, 여행자들의 취향에 따라 폭넓은 선택을 할 수 있다. 세계 제1의 관광대국답게 충분한 수용능력을 갖추고 있으며, 시설과 서비스 면에서 최고를 자랑한다.

① 호텔

전국 곳곳에 수많은 다양한 호텔들이 있다. 정부 관광국의 평가에 따라 별 하나에서 별 넷, 그리고 최고급 호텔인 별 넷 디럭스까지 모두 5등급으로 나뉘어진다. 사전에 미리 예약을 하고 여행지로 출발하는 것이 좋다. 직접 호텔을 예약을 하거나 예약사무소 또는 각 도시의 관광 안내사무소(Office de Tourisme)를 이용하면 된다.

② 콘도

가족이나 친구들과 함께 여행할 때, 가구가 구비된 아파트나 스튜디오 형태의 콘도를 이용하면 여유로운 여행을 즐길 수 있다. 요리가 가능하므로, 외국여행시 겪게 되는 식사문제를 쉽게 해결할 수 있는 장점도 있다. 파리 관광안내사무소에 콘도 목록과 예약처 리스트가 구비되어 있다.

③ 민박

프랑스를 좀더 깊숙이 알고자 하는 여행객들은 프랑스인 가정에서 민박을 경험하는 것이 좋다.

나) 프랑스 요리와 식사

파리에서는 레스토랑에 있는 것만으로도 매우 즐거운 시간을 보낼 수 있다. 프랑스의 요리는 모두 뛰어난 맛을 지니고 있으며, 종류도 다양하다. 프랑스 레스토랑의 등급은 별로 표시된다.

프랑스에서 최고급 레스토랑을 나타내는 3***레스토랑의 반 정도는 파리에 있고 나머지는 프랑스 각지에 흩어져 있는데, 적어도 며칠 전에 예약을 하는 것이 좋다. 한 단계 낮은 레스토랑으로 2**와 1*가 있다.

① 손쉽게 최고의 프랑스 음식을 선택할 수 있는 몇 가지 제안

㉠ 요즘은 최신 요리보다는 전통 요리가 더 높이 평가되고 있다.

비스트로에 가면, 빨간 체크무늬 테이블 위에서 프랑스 정통요리를 충분히 맛볼 수 있다.

가격대에 알맞은 최상의 레스토랑을 찾으려면 빨간 표지의 미쉐린 가이드(Michellin Guide)나 고 미요(Gault Millau) 그리고 보텡 구르멍(Bottin Gourmand)같이 매년 발행되는 레스토랑 안내서를 참조하면 된다. 각각의 레스토랑마다 요리, 서비스, 그리고 실내장식에 따라 등급이 정해져 있다.

㉡ 각각의 레스토랑에는 고유의 특별요리가 있다.

어떤 곳은 해산물로 이름나 있고, 어떤 곳은 거위간 요리(프와그라)나 독특한 소스로 유명하다. 하지만 이런 등급과는 상관없이 일반 레스토랑에서도 오히려 저렴한 가격으로 부담없이 즐길 수 있으며 비스트로의 요리도 훌륭하다. 좋은 비스트로에는 언제나 사람들이 많이 모이기 마련이므로 이곳에서도 예약을 해야 한다. 시중에 많이 나와 있는 안내책자를 참조하시면 더욱 좋다.

㉢ 레스토랑에서는 주방장이 권하는 '오늘의 요리'를 주문하는 것이 제일 좋다.

특별히 살아있는 신선한 맛을 느낄 수 있다. 포도주를 선택할 때도 주인이 권하는 대로 따르는 것이 좋다. 주인보다 포도주에 대해 더 잘 아는 사람은 없을 테니까 말이다.

② 다양한 음식문화

이런 정식의 프랑스 식사 외에도 프랑스에서 점심시간 무렵 길을 걷다보면 거리의 작은 포장마차에서 바게트로 만든 샌드위치를 판다. 길다란 바게트 전체로 만든 샌드위치와 1/2 개로 만든 샌드위치를 팔고 있다. 공원이나 세느 강변에서 콜라와 샌드위치로 점심을 대신하는 사람들도 많다. 특히 몸매에 신경을 쓰는 학생들은 더 그런 것 같다. 우리나라 사람은 너무 딱딱해서 먹기도 힘든 바게트 샌드위치를 한 개 전체 먹어치우는 것을 보면 좀 우습다. 반 개짜리 샌드위치만 산다 하더라도 2끼 분량이 될 정도로 양이 많다.

이렇게 대략 샌드위치로 때우는 때와는 달리 정찬의 경우 연인이나 친구들과 함께 프랑스 전역에 널려 있는 다양한 국가의 요리를 즐기기도 하고 저렴한 식당에 들러 가격은 싸도 맛이 있는 요리를 맛본다. 가장 많은 식당이 중국식당인데 프랑스 특유의 좁고 작은 매장에서 정중한 접대를 받으며 식사에 어울리는 프랑스 산 와인을 즐길 수 있다. 물론 우리나라 사람들은 Guandonese rice라고 하는 볶음밥을 좋아한다. 아니면 몽파르나스나 소르본느 앞의 거리에 많은 그리스 식당에서 그리스 음식을 즐기기도 한다. 요즘 프랑스의 진기한 요리는 프랑스 사람들이 먹는다기보다 외국인들이 즐기고 프랑스 인들은 오히려 세계 여러 곳에서 온 다양한 요리를 즐기고 있다.

③ 테이블 에티켓

프랑스에서는 테이블 에티켓이 매우 중요하다. 하지만 너무 심각하게 생각하지 않아도 된다. 정중하고 예의가 있게 행동한다면 그에 상응하는 대접을 받는다. 예를 들어, 500프랑짜리 식사를 하면서 콜라를 주문하지는 말자. 프랑스에서 콜라는 아주 더운 오후에 카페에 앉아서 마시는 정도이다. 와인이 백포도주라 할지라도 얼음을 넣지는 말아야 한다. 캐첩은 피하고 다양한 겨자를 넣어 먹어보는 것이 도움이 된다. 남은 음식을 싸 달라고 해봤자 프랑스에는 이런 것이 없다. 식후 계산은 앉은 자리에서 치르도록 한다. 팁은 대부분 계산서에 포함되어 있다(Service Compris). 그러나 테이블을 떠나기 전에 동전 몇 프랑을 놓는 것이 예의이다. 만일 카드가 아닌 현찰로 계산을 치른 경우 영수증과 잔돈을 식탁으로 가져다준다. 이때 잔돈이 약간씩은 포함되어서 거슬러 나오니 이것 중 일부를 팁으로 주면 된다.

다) 프랑스의 축제

프랑스는 1년내내 축제분위기에 젖어 있는 나라라고 말할 수 있다. 매년 프랑스의 모든 지방에서 500개 이상의 페스티벌이 열리고 있다. 특히 여름철은 페스티벌을 열기에는 최적의 계절이며. 약간의 날짜 변동이 있으나, 매년 비슷한 시기에 열린다.

고전 음악에서부터 바로크 음악, 서정음악, 재즈, 현대음악에 이르는 모든 쟝르의 음악 페스티벌, 댄스 페스티벌, 연극축제 등 종류를 헤아릴 수 없을 정도의 다양한 행사가 프랑스로의 여행을 더욱 설레이게 한다.

프랑스의 주요 페스티벌은 세계에서 가장 규모가 크고, 화려한 연극축제 "아비뇽 페스티발(7월 중 3주간)", 전통 춤과 음악이 어우러지는 켈트족들의 만남의 장 "로리엉 켈트족 페스티벌(Lorient Festival Interceltique : 8월 6일~15일)", 국제 재즈 페스티벌(7월 16일~25일)인 앙티브(Antibes)와 쥐앙 레 빵(Juan-les-Pins), 몽뺄리에의 라디오-프랑스 페스티벌(7월 12일~31일)과 고대 로마 원형 경기장에서 신이 주신 목소리로 관중들을 사로잡는 오랑쥬 합창제(Choregies d'Orange : 7월 10일~8월 3일), 엑상 프로방스의 서정 음악예술 축제(7월)와 훌륭한 무대장식을 해놓은 아름다운 샤르트르 성당에서 열리는 오르간 페스티벌(6월 27일~9월 5일 매주 일요일)을 들 수 있다.

4) 파리로 여행가기

가) 파리 구경하기

파리의 전경을 가장 멋지게 볼 수 있는 방법은 바로 높은 곳으로 올라가는 것이다.

개선문과 에펠탑의 꼭대기에 오르거나, 사크레 쾨르(Sacré-Coeur) 성당의 계단 위에서 내려다보면 파리 시내 지도가 눈에 그려진다.

개선문에서 오벨리스크가 있는 꽁꼬르드 광장까지 샹젤리제(Champs-Elysées)거리를 지나 산책하다가 센느강 둑에 있는 서점을 찾아다니고 생 제르멩 데 프레(Saint- Germain-des-Pres)의 노천 까페에서 아침식사를 한다.

그리고 많은 박물관 중 극히 일부이긴 하지만 루브르(Louvre), 뽕삐두(Pompidou), 오르쎄(Orsay)를 방문한다. 센느강의 섬, 일 드 라 시떼(lle de la Cite)와 일 생 루이(lle Saint-Louis)에는 두 개의 훌륭한 고딕식 건물, 노트르담(Notre- Dame)성당과 쌩트 샤펠(Sainte Chapelle)성당을 본 뒤 오후에는 몽떼뉴(Montaigne)거리와 푸부르 쌩또노레(Faubourg Saint-Honore)거리를 따라 쇼핑을 하며 크리스챤 디오르(Christian Dior), 까르뎅(Cardin), 헤르메스(Hermes), 까르티에(Cartier)와 만나볼 수도 있다.

나) 파리의 역사적 건축물

① 에펠탑(Tour Eiffel)

1889년 만국박람회를 위해 엔지니어 구스타브 에펠(Gustave Eiffel)의 설계로 건축되었다. 3개의 층으로 되어 있는 이 탑의 높이는 317m로서 탑이 정상에서 바라보는 파리의 전경이 매우 아름답다. 레스토랑, 기념품 상점, 영화관뿐만 아니라 리셉션, 세미나를 개최할 수 있는 구스타브 에펠 홀도 있다. 개관시간 : 9시 30분~23시(7, 8월 : 9시~24시)

〈에펠탑의 아치를 지나며〉

〈에펠탑〉

〈에펠탑 내부〉

② 몽빠르나쓰 타워(Tour Monrparnasse)

타워라기보다는 고층빌딩이라고 할 수 있는 이 건축물은 높이가 209m다. 59층에 있는 옥상에서 보이는 파리 경치는 아름답다. 개관시간은 9시 30분~22시 30분(여름 : 23시 30분까지)이다.

- Add : Rue de l'Arrivee, 75015 Paris, Metro : Montparnasse-Bienvenue,
- Tel : (33) (0) 1 45 38 52 56, Fax : (33) (0) 1 45 38 69 96

③ 개선문(Arc de Triomphe)

나폴레옹 시대의 상징물인 개선문은 프랑스 군대의 승리를 축하하기 위해 건축되었으나, 나폴레옹은 이 개선문의 완성을 보지 못한 채 죽고 말았다. 문에는 나폴레옹 군대의 승전도가 부조로 새겨져 있고 내부에는 고문서들이 보관된 박물관이 있다. 엘리베이터로 개선문 위에 올라가면 파리 시내가 한 눈에 들어온다. 개선문이 있는 에뚜왈 광장으로부터 12개의 대로가 방사선형으로 뻗어 있는데, 그 중 하나인 유명한 샹젤리제 거리 방향으로는 꽁꼬르드 광장, 튈를리 정원, 루브르 박물관 등이 이어져 있다.

〈개선문〉

〈파리시내의 개선문〉

〈개선문 내부〉

개관시간은 계절별로 차이가 있다. 10월 1일부터 3월 31일 화요일에서 토요일까지 오전 10시부터 밤 10시 30분까지 개관하고, 일요일과 월요일에는 오전 10시부터 오후 6시까지 개관된다. 4월 1일부터 9월 30일까지는 화요일에서 토요일까지 오전 9시 30분부터 오후 11시까지 개관된다. 일요일과 월요일에는 오전 9시 30분부터 오후 6시 30분까지 개관된다. 휴관은 1월 1일, 5월 1일, 12월 25일에 이루어진다.

- Add : Place du General de Gaulle, 75008 Paris
  Metro : Charles-de-Gaulle-Etoile
- Tel : (33) (0) 1 55 37 73 77 Fax : (33) (0) 1 43 80 64 12

④ 빵떼옹(Panthéon)

성녀 쥬느비에브(Sainte-Geneviève) 수도원의 성당이었던 빵떼옹은 대혁명때부터 프랑스 거장들의 무덤으로 사용되었다. 그리스어로 '만신전'이라는 뜻의 빵데옹은 지하묘소에 미라보, 볼테르, 루소, 빅토르 위고, 에밀 졸라 등 프랑스에 공헌했던 위대한 인물들이 안치되어 있다.

개관시간은 4월 1일부터 9월 30일까지 오전 9시 30분부터 오후 6시 30분까지, 10월 1일부터 3월 31일까지는 오전 10시부터 오후 6시 15분까지이다. 휴관은 1월 1일, 5월 1일, 11월 11일, 12월 25일에 이루어진다.

- Add : Place du Panthéon, 75005 Paris
  Metro : Cardinal-Lemoine, Maubert-Mutualite, Jussieu
- Tel : (33) (0) 1 44 32 18 00 Fax : (33) (0) 1 44 07 32 23

⑤ 꽁씨에르쥬리(Conciergerie)

꽁씨에르쥬리('건물관리소'라는 뜻)는 14세기 카페왕조가 살았던 왕궁의 일부로서, 16세기 혁명 때부터 감옥으로 사용되었다. 프랑스의 가장 오래된 감옥인 이곳은 마리 앙뜨와네뜨와 당통, 로베스 삐에르 등 역사적인 인물들이 단두대의 이슬로 사라지기 전까지 투옥되어 있었던 곳이다. 현재 군인의 방, 죄수의 방, 여죄수의 방, 박물관, 마리 앙뜨와네뜨의 독방 등이 관광객들에게 공개되고 있다.

개관시간은 4월 1일부터 9월 30일까지는 오전 9시 30분부터 오후 6시 30분까지, 10월 1일부터 3월 31일까지는 오전 10시부터 오후 5시까지이다. 휴관은 1월 1일, 5월 1일, 11월 1일, 11일, 12월 25일에 이루어진다.

- Add : 1, quai de l'Horloge, 75001 Paris Metro : Cite, Chatelet
- Tel : (33) (0) 1 53 73 78 50 Fax : (33) (0) 1 40 51 70 36

⑥ 샤이오 궁(Palais de Chaillot)

1937년 만국박람회 때 건축된 샤이오 궁은 파리 국립극장과 4개의 박물관(해양 박물관, 인류 박물관, 문화재 박물관, 영화 박물관)으로 되어 있다. 트로까데로 광장의 정원과 분수, 세느강변과 에펠탑으로 펼쳐지는 경치가 장관이다. 개관시간과 입장료는 박물관마다 다르다.

- Add : Place du Trocadero, 75016 Paris Metro : Trocadero

⑦ 라 데팡스 신 개선문(Grande Arche de la Défense)

"미국에 맨해튼이 있다면 파리에는 라 데팡스(LA DEFENCE)가 있다"는 프랑스 사람들이 이야기하는 이 말에 라 데팡스에 대한 모든 표현이 다 들어있다. 라 데팡스는 지난 세기 동안 파리에 있었던 모든 건축문화의 결정체라고 볼 수 있다.

프랑스인들은 과거의 유산들을 매우 훌륭하게 보존함과 더불어 새로 무언가를 짓고 예전 것에 대체하길 좋아한다. 그러면서도 무언가를 짓기 전에 왈가왈부 정말 말들이 많다. 마치 에펠탑을 지을 때처럼, 루브르 박물관의 피라미드를 지을 때처럼 이 라데팡스에 대해서도 말들이 너무 많았다. 그러나 지금은 새로운 개념의 신도시이자 미래 도시의 모델이라고 자랑이 한참 늘어진다.

〈Glass and Concrete〉

〈Detached Thumb〉

〈Grand Arche〉

차량들과 철도 및 전선 케이블들이 지하로 연결되어 있어 지상은 소음과 공해에서 벗어나 있다. 또한 미적 감각을 자랑하는 현대적 건물들과 조각 등 각종 예술품들은 보는 즐거움도 준다. 지상과 지하의 공간을 사람들이 생활에 불편을 느끼지 않게 계획적으로 만들어진 신개념의 도시구조를 갖춘 이 미래도시의 모델이 바로 라데팡스(LA DEFENCE)이다.

파리를 동서로 횡단하는 지하철 1호선의 서쪽 끝역이 La Defence 역이다. 유명한 개선문의 꼭대기에서 바라보면 루브르 쪽의 카루젤의 개선문과 라데팡스의 대개선문(Grand Arch 그랑 아쉬)은 일직선상으로 보인다. 마치 카루젤의 개선문은 프랑스의 과거, 개선문은 현재, 라데팡스의 대개선문은 미래를 상징하는 듯 이곳은 매우 미래지향적이다.

라데팡스를 좀더 멋지게 즐기려면 해가 지기 직전에 1호선 마지막 역인 라데팡스역 바로 전역(Esplanade de La Défense)에서 내려 천천히 걸어서 대개선문 쪽으로 걸어가는 것이다. 대개선문 주변의 세계적인 다국적기업들의 초현대적이고 건축상 도저히 있을 법하지 않은 건물을 감상하면서 잠시 쉬기도 하면서 산책을 해보는 것이다. 그리고 해가 지고 주변에 가로등이 들어오고 대개선문에 조명이 켜진다면 생각지 못한 차가운 아름다움에 마음을 빼앗기게 될 것이다.

대개선문(그랑 아쉬, Grand Arch)은 프랑스 혁명 200주년을 기념해서 만들어진 것으로 36층(110m)의 높이와 흰 대리석의 웅장함을 자랑한다. 물론 높다보니 꼭대기에 전망대도 있다.

- Add : 1, parvis de la Défense, 92044 Paris la Défense
- Metro 1 : Grande Arche de la Défense
- Tel : (33) (0) 1 49 07 27 27 Fax : (33) (0) 1 49 07 27 90

〈사진참고〉

http://www.lib.utexas.edu/maps/europe/france_admin91.jpg
http://www.coyne-et-bellier.fr/en/dun/gsp/fiche_grandarche.html
http://www.oz.net/~adamf/Europe02/FranceParisLaDefence.htm
http://www.gen-o.com/france/parisinfebruary/pages/l%27Arc%20de%20Triomphe.htm
http://mymusicworld.com.ne.kr/city%20gallery35.htm
http://www.julesverne.edu.gt/Photos_France.htm
http://www.cs.rpi.edu/~buhleg/pics/france/15.Night.02/images/24%20-%20la%20tour%20eiffel%2012.jpg.html
http://www.hotellittreparis.com/fiche-fr/toureiffel.html
http://www.seewald.com/chateauneuf_detail.htm

나. 스페인[13)]

1) 스페인의 역사

이베리아 반도 구석기 최고의 인종은 크로마뇽인이며, 그들의 대표적 유산으로는 1만 5000년전의 알타미라 동굴벽화가 있다. B.C. 11세기경부터 페니키아인과 그리스, 카르타고인들이 이 땅에 잇따라 침입하여 지중해 연안에 식민지를 세우고, 상업과 무역에 종사했으며, 기원전 1세기 말에는 이베리아반도 전체가 로마의 지배하에 들어감에 따라 이베리아어 대신 라틴어가 공용어가 되어 오늘날 스페인어의 근간을 이루게 된다.

5 세기 중엽 게르만의 한 부족인 서고트족이 진출, 로마군을 격파하고 왕국을 세웠으나, 종교문제, 왕위계승문제를 둘러싼 혼란으로 711년 옴미아드 왕조의 침입을 받아 붕괴하였다. 프랑크왕국은 그들의 노력에도 불구하고 732년 프와티에 싸움에서 패배하여 이슬람 세력이 이베리아반도를 지배하였다. 이슬람 지배하에서 산업, 농업, 수공업은 매우 발달하였으며 코르도바, 세비야는 시장, 수출항으로 번창하였다. 이슬람의 통치는 공납, 부역, 인두세 수납과 이를 위한 군조직 유지에 역점을 두었으며, 사회, 정치, 종교체계에 대한 강제적 재편은 행하지 않는 수평적 성격을 띤 것이었다. 그리스도교는 모사라베스라 불리었으며, 공물 등의 부담을 조건으로 특별자치구의 행정을 승인받았다.

한편, 이슬람 지배를 모면했던 아스투리아스, 나바라 두 지방의 서고트 귀족은 8세기에 남하운동을 시작하였다. 그들은 정복군의 전진기지 유지를 위한 그리스도교의 정착경영을 목적으로, 레온과 카스티야 지방을 중심으로 하여 토지개간의 특허를 내주는 이민 특허장의 교부와 영주의 무제한적 지배를 저지하는 기능을 가진 배아트리스의 승인이라는 유리한 조건을 내걸고 전선지대로의 이주를 촉진하였다. 또, 국토회복운동은 종교전쟁의 성격도 지니고 있었다. 이슬람의 종교적 · 문화적 유산을 극복해야 한다는 필요성에서 신앙이 육성되고, 교회의 커다란 영향력이 형

13) 스페인 관광청(http://www.okspain.org/)과 기타 인터넷 자료를 참조하여 구성하였음.

성되었다.

14세기 후반 스페인은 국토회복운동을 통해 강대해진 카스티야왕국과 아라곤왕국으로 양분되어 있었는데, 1469년 아라곤의 페르난도 2세와 카스티야의 이사벨 여왕이 결혼을 함으로써 통일이 이루어졌다. 가톨릭 신봉자인 그들은 1492년 스페인에 남아 있는 이슬람의 마지막 거점 그라나다를 함락, 국토회복운동을 성공시킴으로써 스페인은 절대왕정시대에 접어들었다.

이미 13세기부터 카스티야와 아라곤에서 실행해왔던 가신단 회의와 코르테스라는 신분제 의회를 통해 왕권의 도시제휴정책을 계승한 이들 두 왕은 신성도시동맹을 결성하였으며, 동맹도시에 재판권과 경찰권을 줌으로써 시민 출신의 새 귀족층을 낳는 기반이 되었다. 두 왕은 귀족억압정책을 추진하고, 군제와 관료 통치기구를 정비하여, 15세기 말 왕권이 강화되었고 절대왕정의 길은 더욱 굳어졌다. 한편, 이사벨의 후원으로 이루어진 콜롬부스의 신대륙 발견으로 스페인은 남, 북 아메리카의 정복과 식민지 건설을 독점하게 되었다.

카를로스 1세 때부터 펠리페 2세 시대에 걸치는 16세기 중엽에는 아메리카, 아프리카의 두 식민지 이외에도 나폴리, 시실리아, 사르데냐, 네덜란드 등을 손아귀에 넣어 스페인의 영광은 절정에 달하였으며, 태양이 지지 않는 스페인 제국이 출현하기에 이르렀다.

그러나 16세기 후반에 네덜란드가 독립을 하고, 스페인의 무적함대가 신흥 영국의 함대와 싸워서 전멸한 후에는 그 번영을 영국에게 빼앗겼으며, 17~18 세기에 발생한 식민지 분쟁에도 패배하여 몰락의 길을 걷게 된다. 19세기에는 나폴레옹군의 침략을 받았고, 나폴레옹이 몰락한 후에는 페로난도 7세의 반동정치가 들어섰는데, 이 동안 불안한 정세가 계속되어 해외의 식민지들은 하나 둘씩 떨어져 나갔다. 제1차 세계대전 때는 중립을 지켜 비약적 발전을 보였으나, 정치, 사회면에서는 불안한 정세가 계속되었다.

1923년에는 프리모 데 리베라의 독재정권이 생겨났지만, 1931년 선거에서 패배하여 공화파 정부가 들어섰다. 그러나 이 정부 역시 1936년 우익 군부세력의 반란을 맞아, 2년 반에 걸친 내란이 계속된 후 군부의 지도자 프랑코 총통이 독재권을 잡게 된다. 1939년 이래 프랑코장군이 총통, 수상, 군최고사령관을 겸한 독재체제를 유지했으나, 1975년 ETA에 의해 암살되었다.

2) 스페인의 지리와 그 외의 것들

스페인은 Almeria의 사막에 가까운 지형부터 Wales의 초지, Galicia의 깊은 해안지대, Castilla La Mancha의 일광이 좋은 평야지대와 Pyrenees의 험준한 산악지대에 이르기까지 보유하고 있어, 지리적으로 볼 때 유럽에서 가장 다양한 토양을 가진 나라일 것이다.

이베리아 반도 80%를 차지하는 스페인은 국토의 반 이상이 평평한 고원지대인 mesetas가 차지하고 있다. 5개 산맥이 메세따스를 중심으로 국토 전역에 뻗어 있는데 프랑스와의 국경을 접하고 있는 피레네 산맥, 안달루시아의 시에라 네바다 산맥, 북부의 엑스트레마두라에서 지중해까지 뻗쳐 내려오는 중부 코딜레라 산맥과 토칠레라 이베리카 산맥, 그리고 북부 대서양 연안을 따라있는 코딜레라 칸타브리카 산맥 등이다. 주요 강으로는 Ebro, Duero, Tajo (Tagus), Guadiana, Guadalquivir 등이 있는데, 이 강들은 제각기 산과 산 사이의 서로 다른 줄기에서 시작되며, 지중해로 흐르는 Ebro를 제외한 나머지는 모두 대서양으로 흘러간다.

스페인과 우리나라의 비자면제협정으로, 대한민국 여권소지자는 90일간 비자없이 체류할 수 있다. 시차는 한국이 스페인보다 9시간 빠르다(3~9월 서머타임제가 실시된다). 스페인의 화폐는 페세타(peseta)이고, US$1당 144 pta에 이르고 있다. 그러나 2002년 1월부터 유로화를 통합하여 이용하고 있으므로, 여행시에 참조하여야 한다[14].

스페인에는 Madrid, Barcelona, Bilbao, Santiago de Compostela, Sevilla, Granada, Malaga, Almeria, Alicante, Valencia, Palma de Mallorca, Ibiza, Mao 등 많은 국제공항이 있다. 버스와 기차연결망도 잘 되어 있는데, Lisbon, London, Paris 등에서 스페인까지 정규버스가 있다. 26세 이상이거나 기차 패스가 없다면 버스여행이 더 저렴하다. 스페인에서 영국이나 모로코로 직항 페리편도 운항된다. 스페인을 나오는 출국세는 티켓을 구입할 때 포함된다. 스페인 내부 여행 중 항공편을 선택하는 유일한 경우는 섬으로 가는 때이다. Barcelona, Valencia Alicante가 저렴한 전세기 티켓을 구입할 수 있는 곳이다. 발레아레스 제도와 스페인 본토 간에도 정규 페리가 운항되지만, 시간 면에서 항공편이 더 나은 조건일 때가 많다. 육로여행에서는 기차보다 버스가 버스회사나 연결편에서 훨씬 다양하고 저렴하다.

보는 즉시 방아쇠를 당기라는 유행어가 스페인의 야생동물계를 파괴해버렸다. 아직 볼 수 있는 것은 붉은 다람쥐와, 영양, 붉은 사슴, 야생염소, 마멋, 그리고 다양한 파충류군이며, 식물계는 이보다는 더 풍부한데, 특히 고산지역에 많이 있다. 태양이 가장 강렬한 7월, 8월에는 스페인을 찾는 대부분 관광객들은 해안가로 몰린다. 이 때 마드리드의 더위는 숨막힐 정도이며 현지인들은 휴가를 떠날 때이다. 북부와 발레아레스 제도의 여름철 온도는 평균 30도를 웃돈다. 북부지방의 겨울은 비가 그칠 날이 없지만, 갈리시아 벽지와 피레네산맥에서는 눈이 내린다. 대개 지역적으로 나누면 여행적기는, 여름에는 북부가 좋고, 봄에는 안달루시아, 가을에는 중부, 그리고 겨울에는 남부가 좋다.

14) 유로 EUR, 1EUR = 약 1,378원

3) 여행정보

가) 숙박시설

스페인은 유럽여행 중 비교적 저렴한 곳에 속한다. 절약한다면 1일 US$20-25 정도 예상할 수 있는데, 가장 저렴한 숙박에서 묵으며 식당식사와 박물관, 바 등을 그냥 지나치는 경우에 한해서이다. 너무 숨 막힌다고 생각된다면 조금 더 윗 단계로 1일 US$40정도 예상할 수 있다. 여행자수표는 은행과 환전소에서 현금으로 바꿀 수 있으며 일반적으로 현금보다 조금 더 나은 환율을 적용받는다. 신용카드는 중급 이상의 호텔과 레스토랑, 그리고 장거리 기차표를 구입할 때 사용 가능하다. 요즘은 아주 작은 시골마을에도 현금인출기가 있다. 돈을 휴대할 때는 항상 주의해야 하는데, 관광객들이 소매치기의 주 타깃이 되기 때문이다. 1995년 6월에서 9월 사이 단 4개월 동안 영국 신용카드와 현금카드 20만 개가 스페인에서 분실되었다고 한다.

나) 요리와 식사

레스토랑 메뉴판 가격은 봉사료가 포함된 것이며, 팁은 개인의 선택에 따른다. 대부분 사람들은 어느 정도 만족한다면 잔돈이나, 계산서의 5%정도를 남겨놓는다. 바나 카페에서는 잔돈을 남겨놓는 것이 상례이다. 시장과 저렴한 호텔에서는 가격 흥정이 가능하다.

스페인의 대표적인 음식은 서민적인 음식과 고급스런 음식을 함께 보면 다음과 같다.

① 빠에야란?

빠에야 : 고기와 해물을 넣은 철판볶음밥 서민음식을 말한다. 빠에야는 밑이 넓고 깊이가 얕은 뚜껑없는 팬을 의미하는 것이다. 빠에야는 빠에야 팬에 올리브 기름을 두르고 양파와 마늘을 볶아 향을 낸 뒤 미리 볶아 놓은 파프리카, 줄콩 등의 야채와 돼지고기, 닭고기(경우에 따라 토끼고기, 달팽이도 넣는다)를 넣고 함께 볶는다. 볶은 재

료에 쌀을 넣고 토마토와 오징어를 납작납작 썰어 올리고, 노란색의 향기짙은 향료 사프란으로 맛을 낸 생선국물을 부어 약한 불로 밥을 짓는다. 새우, 씨갈라(작은 바닷가재의 일종), 홍합, 모시조개로 모양을 내기도 한다.

② 하몽

하몽은 스페인에서 대중적으로 발달한 요리이다.

하몽은 돼지를 잡아 피를 뺀 후 절여 곰팡이가 피도록 그늘에 말린 고기를 말한다. 하몽 전문식당에 들어서면 그런 돼지를 진열해 두는데, 그 모습이 마치 목욕탕에서 아무 것도 걸치지 않은 사람을 보는 듯하다. 이 요리는 특히 주로 다리 부분을 잘라 파는데, 그 맛이 아주 독특하고 우리 입맛에도 잘 맞는다.

다) 스페인의 축제

스페인 여행에 이상적인 시기는 5월, 6월, 9월(남부는 4월과 10월도 좋다)로서, 이 때 여행한다면 극심한 더위와 북적거리는 여행인파를 피할 수 있다. 남부와 남동부 지중해 연안은 따뜻한 기후로 겨울철 여행에 좋으며, 북서부와 해변, 고산지대에서는 뜨거운 여름을 피할 수 있다. 축제의 열기에 동참하고 싶다면 Semana Santa(부활절 전주)와 10월 사이에 몰려 있는 축제기간에 방문하는 것이 가장 좋다. 스페인의 문화행사는 대단히 열광적이며 축제 뒤에는 항상 휴일이 뒤따른다. 각 월별로 축제를 점검하여 보자.

2월은 San Sebastian 에서 열리는 La Tamborada. 도시 전체가 화려하게 장식되고 열광적인 분위기가 된다). 카니발은 2월말이면 어느 지역에서나 볼 수 있는데, 가장 시끌벅적한 것은 Sitges에서 열리는 것이다.

3월은 Valencia지방의 Las Fallas. 1주일간 지속되며 한밤의 댄스파티와 최고의 불꽃놀이, 화려한 행렬이 펼쳐진다.

4월에는 Semana Santa(성스러운 주)는 부활절 일요일 바로 전주이며 거리 곳곳에서 성스러운 퍼레이드가 펼쳐진다. 이 기간 중 숙박지를 구할 수만 있다면 세빌리야(Seville)가 가장 볼만한 곳이다. 세빌리야에서는 4월 말 1주일간 Feria de Abril축제가 펼쳐진다.

7월에 있는 Pamplona의 투우 경주는 가장 유명한 스페인 축제이다. 8월 중순까지는 북부해안가를 따라 Semana Grande 축제가 열린다.

4) 스페인으로 여행가기

가) 마드리드(Madrid)

스페인 수도인 마드리드는 친절함이나 풍요로움에서는 바르셀로나에 뒤진다 할지라도 훌륭한 박물관의 소장품이나 미술화랑, 쾌적한 공원과 정원, 그리고 화려한 나이트라이프 등에서 충분히 도시적인 매력을 느끼게 하는 곳이다. 마드리드에 익숙해지기 가장 적절한 장소는 Puerta del Sol이다. 이곳은 현지인들에게는 그렇게 중요한 교통의 요지는 아닐지라도 스페인의 간선도로를 따라 측정된 거리를 'Km 0'라는 푯말로 표시하고 있는 것과 같이 말 그대로 스페인의 센타라는 데 의의가 크다. Sol의 북쪽에 있는 나무 타는 곰의 형상은 마드리드에서 유명한 만남의 장소이다. 마드리드가 굉장한 대도시이기는 하지만 관광객들의 관심은 주로 서쪽의 Campo del moro와 동쪽의 Parque del Buen Retiro 부근에 집중된다. Gran Via가 가장 흥미로운 거리이지만, 마드리드의 진정한 명물은 Plaza Mayor이다. 세계에서 가장 훌륭한 아트 갤러리로 손꼽히는 프라도 박물관(Museo del Prado)은 빼놓을 수 없는 곳이다. 15세기에서 19세기에 걸친 스페인, 플랑드르, 이탈리아의 예술작품을 중심으로 전시하고 있는데, 대표적인 것이 고야의 작품들로 '옷 입은 마야'와 '나체의 마야'를 비롯해 많은 작품들이 전시되어 있고 벨라스케스의 작품도 감상할 수 있다. 미술사 공부를 위해서라도 가봐야 할 곳은 띠쎈 보르네미짜 박물관(MuseoThyssen- Bornemisza)이다. 1993년 스페인 정부가 Thyssen-Bornemisza일가가 소유한 800여점의 그림을 사서 전시하고 있는 박물관이다. 중세 종교미술을 비롯하여 엘 그레코, 카라바기오에서부터 드가, 모네, 반 고호, 미로, 피카소, 그리스, 폴락, 달리, 리히텐스타인에 이르기까지 방대하고 찬란한 미술사를 보여주고 있다. 이 외 박물관으로 Museo de la Escultura Abstracta(Chillida, Miro 등의 추상 작품들이 전시), Museo Municipal (고야의 작품과 옛지도, 은제품, 도자기 등이 전시), Museo Casa de la Moneda(조폐국의 역사와 다양한 동전, 지폐 등이 전시), Museo de America(16~20세기 아메리카에서 가져온 물품들이 전시) 등이 있다. 미술이나 역사기행에 지쳤다면 프라도로 가는 입구 맞은편에 있는 아름다운 식물원(Real Jardin Botanico)에서 자연의 향기로움과 함께 휴식을 취해 보자. 실내장식으로 유명한 18세기 마드리드 궁전(Palacio Real)은 한 번 가볼 만하다. 굉장한 정성을 들여 치장한 벽이나 천장이라든지, 아주 고상한 왕의 방과 그 밖의 방들을 둘러볼 수 있다. 투우하면 빠뜨릴 수 없는 곳이 마드리드로 Plaza de Toros Monumental de las Ventas가 가장 큰 투우장이다. 일요일에는 가장 큰 벼룩시장 중 하나인 El Rastro를 구경하는 것도 재미있을 것이다. 혹시 카스테레오를 도둑맞았다면 여기서 발견할 수 있을지도. 주머니나 가방을 털리지 않도록 항시 주의해야 한다. 마드리드에서 숙박 구하는 것은 문제가 안 된다. 특히 마드리드의 숨 막히는 더위로 여름철은 사람이 없으므로 각오하고 이곳에서 묵는다면 많은 가격 흥정도 가능할 것이다. Santa Ana지역이 가장 대표적인 숙박 중심지로 레스토랑과 나이트클럽도 부근에 많이 있다. 마드리드 나이트 라이프를 주도하는 곳은 Malasana지역의 Plaza del Dos de Mayo이다.

나) 바르셀로나(Barcelona)

만일 스페인에서 한 도시만 방문해야 한다면 그것은 아마도 바르셀로나가 되어야 할 것이다. 까딸로니아의 현대적 건축양식—아르누보나 고딕, 무어양식 등의 다양한 스타일—은 19~20세기에 걸쳐 발전되었으며 바르셀로나가 자랑하는 안토니

가우디시대에 와서 절정을 이룬다. 가우디의 뛰어나고 독특한 건축물은 사그라다 가족교회(Sagrada Familia)와 구엘(Guell)공원에서 찾아볼 수 있으며, 피카소와 미로 박물관을 비롯, 세계적인 박물관도 빠뜨릴 수 없다. 고풍의 바리고틱(Barri Gotic)지구와 곳곳의 나이트라이프도 바르셀로나의 매력을 더하고 있다. 바르셀로나 여행의 시작은 La Rambla와 Placa de Sant Josep Oriol, Placa Reial을 산책하는 것으로 시작된다. 천의 얼굴을 가진 이곳에는 다양한 구경거리와 끊임없이 이어지는 사람들의 물결, 카페, 바, 상점 등, 관광객에게 나무랄 데 없는 장소이다. 시 북쪽에는 환상적인 구엘 공원(Parc Guell)이 있는데, 이곳은 전성기 가우디의 대표작품이다. 이곳의 이름은 가우디 후원자인 부유한 은행가 Eusebi Guell의 이름에서 따 온 것인데, 이곳을 놓친다면 바르셀로나를 여행했다고 할 수 없을 것이다. 바르셀로나의 평화로운 고딕 성당 앞에는 매 일요일 정오 많은 관중들이 몰리는데, 이곳에서 전통적인 카탈란 춤인 사르다나(sardana)가 펼쳐지기 때문이다. 성당 동쪽편에는 바셀로나 역사 박물관(Museu d'Historia de la Ciutat)이 있다. 바르셀로나에는 괜찮은 야외시장들이 많이 있는데 그 중 가장 볼만한 곳은 Els Encants 중고시장으로 Placa de les Glories Catalanes에 있으며, 골동품시장은 Placa Nova에, 수공예품시장은 Placa de Sant Josep Oriol에 있다. 또한 바르셀로나에 있는 수많은 바도 그냥 지나칠 수 없는데, 가장 많은 바와 식당이 집중된 곳은 La Rambla주변 지역이다. 바르셀로나에서 저렴하다고 하는 숙박지들도 La Rambla 양쪽 지역에서 찾을 수 있다.

다) 똘레도(Toledo)

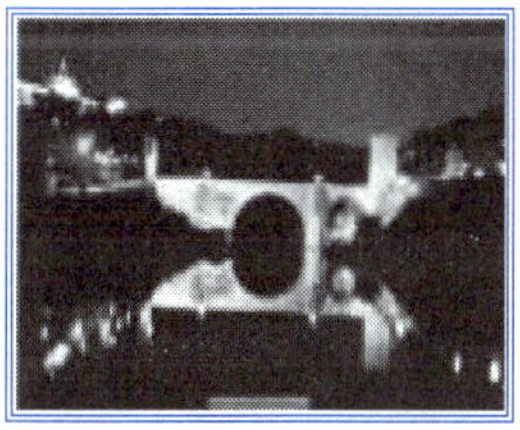

똘레도는 의심할 바 없이 스페인에서 가장 웅장한 역사적 도시이다. 이 오랜 도시는 따조(Tajo)강 위의 작은 언덕에 자리하고 있으며 환상적인 박물관과 기념탑, 미술관, 교회, 성들, 그리고 그 사이에 나 있는 구불구불한 길이 인상적이다. 그러나 이곳은 당일치기 관광버스가 북적거리는 곳이므로 조용한 거리와 카페 등 진정한 중세도시의 분위기를 느껴보고 싶다면 하룻밤 묵는 것이 좋다. 똘레도의 대표적인 볼거리는 알카자(Alcazar)로, 중세부터 공화당 포위하의 20세기까지 줄곧 많은 전쟁의 배경이 되어 온 곳이다. 시 중심에 있는 장엄한 성당에는 화려한 벽화와 스테인드 글라스, 그리고 El Greco, Velazquez, Goya의 작품들이 있다. 다른 볼거리들로는, 두 개의 유태인 회당(Sinagoga de Transito와 Santa Maria de la Blanca)과 Iglesia de Santo Tome(이 곳에 El Greco의 명화 '오르가 백작의 매장'이 있다), Museo de Santa Cruz 등이 있다.

라) 발렌시아(Valencia)

스페인에서 세번째로 큰 도시이며 발렌시아 지방의 수도인 이곳은 상큼함이 매력인 도시이다. 파엘라(paella)와 성배(최후의 만찬에 사용된 술잔)가 유래한 곳으로 유명하고, 날씨도 무척 좋지만 역시 빼놓을 수 없는 스페인에서 가장 흥겨운

곳이다.

발렌시아에서 가장 관광객들의 관심을 끄는 곳은 바로크풍 궁전인 Palacio de Marques de Dos Aguas로 내부와 외부 모두 화려하고 아름다운 조각들로 꾸며져 있다. 궁전 안에 도자기 박물관(Museo de Nacional de Ceramic)이 있는데 장대하고 인상적인 도예품들이 많이 전시되어 있다. Museo de Bellas Artes는 프라도와 빌바오 박물관 다음가는 유명한 곳으로, El Greco, Goya, Velazquez 등 수많은 발렌시아 인상주의 화가들의 작품이 전시되어 있다. 현대미술회관(IVAM)에는 20세기 스페인 인상주의 예술작품들이 소장되어 있다. 발렌시아 성당도 볼만한데 타워꼭대기에 오르면 시의 장관을 한눈에 볼 수 있다.

마) 그라나다(Granada)

그라나다는 13~15세기 스페인의 이슬람 지배기인 무어왕국의 수도였으며 이베리아 반도에서 가장 아름다운 도시로 명성을 떨쳤었다. 오늘날 위대한 무어 유적의 본거지가 되고 있으며 가장 장엄한 건축물 중 하나가 이곳에 있다—알함브라 궁(Alhambra). 여기에 그라나다 남동부에 있는 Sierra Nevada산(스페인에서 가장 높은 산)과 그림같이 아름다운 Alpujarra 계곡, 신비스러운 마을들이 그라나다의 매력을 더해주고 있다. 가장 위대한 이슬람 건축 예술의 정수인 알함브라는 그 웅장함과 아름다움에서 단연 돋보인다. 알카자바(Alcazaba)는 11~13세기에 걸쳐 지어진 알함브라의 이슬람요새로, 타워에서 내려다보는 도시전망이 매우 인상적이다. 14~15세기 전성기 때 그라나다 통치자가 세운 Casa Real(왕궁)은 알함브라의 중심부로 돌세공이 섬세하다. 마지막으로 제네랄리페(Generalife)는 술탄의 여름 궁전으로 영혼을 달래는 알함브라 정원에 위치해 있으며, 휴식을 취하기에 최적의 장소이다.

알함브라 외에 그라나다의 가장 큰 매력이라면 도시 그 자체라고 할 수 있다. 구 이슬람 지역인 Albacin까지 알함브라에서 강을 건너 갈 수도 있고(밤 늦게는 피할 것), Plaza Bib-Rambla를 그냥 거니는 것도 멋진 시간이 될 것이다. Albacin에 있는 고고학 박물관(Casa del Castril)이나, 아랍 목욕탕(El Banuelo), Gran Via de

Colon에 있는 왕실교회(Capilla Real- 1492년 그라나다의 해방자인 페르디난드와 이자벨라가 딸과 사위와 함께 묻혀 있는 곳)도 들러보자. 왕실 교회 옆, 일부가 16세기에 지어진 성당과 도심 북쪽, 집시의 동굴인 Sacromonte도 인기 있는 볼거리이다.

바) 세빌리아(Sevilla)

세빌리아는 멋진 공원들과 유원지, Alcazar나 Giralda 탑과 같은 무어인 유적지, 플라멩고, 투우, 활기찬 학생도시로 스페인에서 빼놓을 수 없는 관광지 중 하나이다. Expo92로 이 도시는 국제적인 주목을 받게 되었고 엑스포공원은 현재 첨단기술의 테마공원이 되었다. 그러나 세빌리아는 스페인에서 물가가 비싼 편으로 여행계획을 세심하게 짤 필요가 있다. 또한 여름에는 숨막힐 정도로 덥다는 것도 염두에 두자. 진정한 세빌리아를 경험하고 싶다면 부활절 전주행사인 Semana Santa나 4월의 Feria de Abril에 오도록 계획을 세우는 것이 좋다. 산타 마리아 대성당은 세계에서 가장 넓은 것으로 기네스북에 기록되어 있다. 기본 구조물(1402~1507)은 고전주의 양식으로 지어졌지만 1618~929에 이루어진 증축은 바로크와 신고전주의 양식으로 지어졌다. 지랄다(Giralda)로 알려진 인근의 탑은 무어시대의 것으로 꼭대기에서 시내의 아름다운 경관을 내려다 볼 수 있다. 성당 정문에는 콜롬부스의 유품들이 자랑스럽게 진열되어 있다. 이 외에 스페인의 무어시대 궁전인 Alcazar와 Archivo de Indias 박물관(1492년부터 미국의 식민지해방에 이르기까지 약 4천만 개에 이르는 장서를 보유한 곳), 미로와 정원, 작고 귀여운 분수대, 그늘진 잔디의 쾌적한 휴식공간이 있는 Parque de Maria Luisa 등이 볼 만하다.

사) 산 세바스띠안(San Sebastian)

산 세바스띠안(바스크어로는 Donostia)은 정말로 매력적인 곳이다. 바스크의 중심도시인 이곳은 남부의 휴양인파에서 벗어나고자 하는 스페인 부유계층의 휴양지이다. 1930년대 Generalisimo Franco가 복잡한 바스크어인 Euskara의 사용을 금지했을 때는 더 심했지만 지금도 여전히 강한 분리, 독립의 정서가 느껴지는 곳이다. 그렇지만 이 도시는 인구 180,000명의 아주 안락한 휴양도시로 아름다운 만 Bahia de la Concha가 주위를 두르고 있다. 이곳의 주민들은 스스로를 스페인에서 제일 복받은 사람들이라고 거리낌 없이 얘기하는데, 이곳의 해변과 흥겨운 저녁시간을 며칠 보내보면 그 기분을 이해할 것이다. Playa de Concha와 Playa de Ondarreta는 도심에 위치한 해변으로서는 스페인에서 가장 아름답다. Ondarreta에서 만의 한 중앙에 있는 Isla de Santa Clara까지는 수영해서 갈 수도 있다. 여름에는 이 섬을 향해 돛을 올리고 오는 땟목들이 여기저기에서 쉬고 있는 것을 자주 볼 수 있다. 16세기 도미니카 수도원 Museo de San Telmo는 수도원에 갖춰야 할 모든 것은 조금씩 다 있다(오래된 비석들, 조각들, 농목축전시품, 근사한 예술품들, 삐그덕거리는 스페인 마루바닥까지). 꼭대기에 예수상이 있는 Monte Urgull에서 동쪽을 향해 내려다보면 La Concha의 파노라마가 펼쳐진다.

아) 발레아레스 제도(Balearic Islands)

스페인 동쪽 해안, 지중해의 푸른 물결 사이로 떠올라 있는 발레아레스 제도는 매년 외국 관광객의 발길이 잦은 곳이다. 이처럼 많은 관광객들은 이 섬이 가지고 있는 천혜의 자연, 수려한 해변, 풍부한 일조량, 화려한 나이트라이프를 비롯해 충분한 숙박시설과 식당 등 편리한 관광시설들을 살펴볼 때 당연한 결과로 보인다. 게다가 이런 관광시설과 어우러진 과거와의 강한 유대가 더욱 이 섬의 매력을 발산시킨다. 많은 바와 해변가 뒤로는 고딕식 대성당과 석기시대 유적, 작은 어촌들, 환상적인 숲길, 끝없이 이어지는 올리브 숲과 오렌지 과수원이 있다.

4개의 섬이 있는데, 가장 큰 섬은 마요르카(Mallorca)이고, 그 뒤로, 미노르카(Menorca), 이비자(Ibiza) 그리고 가장 작은 포르멘테라(Formentera)가 있다. 포르멘테라가 가장 개발이 되지 않은 곳이며, 이비자는 히피, 게이, 패션광, 누드족 등 특이 취향의 사람들이 모두 모여 있는 곳이라 할 수 있다.

〈사진참고〉

http://www.shoestring.co.kr/destinations/europe/spain.htm#주요%20여행지
http://www.usaflags-flagpoles.com/nation-flags/world_flags_18.htm
http://www.hi-spain.com
www.vanerp.net/peter/Madrid/plazmayor.htm
http://imagebingo.naver.com/album/icon_view.htm?uid=khkkor6&bno=32552
http://www.ouc.bc.ca/fina/images/141main.html
www.bcn.es/publicacions/catala/bmm/bmm56/bmm56_43.htm
www.edream.idv.tw
www.villerindell.com/0102espanja/pikkukuvat1.htm
www.leyendasdetoledo.com/fotos/noche/imagepages/image9.htm
www.bahnij.com/toledo.htm
www.spaans-leren.com/leren/spaans_valencia.asp
http://www.spanishabroad.com/spain/Valencia/val_architecture.htm
www.hammarback.com/valencia/page_02.htm
www.spaans-leren.com/leren/stand_van_valencia.asp
http://www.rnw.nl/sp/toolbar/navidad_archivoindias.html
www.pala-autourdumonde.net/book2/pages
www.uci.ch/english/palmares/road_results1999_08.htm
www.rafaes.com/advocacion-sebastian.htm

www.todoesp.es/paginas/gra-visi/gra-8.html
www.cafevelo.net/Spain%202003/pagesradio.weblogs.com/0112483
home.iol.ie/travel/sunspots/balearic-ibiza.htm
www.menorca.to/menorca_info.htm
www.feriebolig-spania.no/.../Balearic+Islands.html

12 Chapter

세계의 축제

제12장 세계의 축제

1 유럽의 축제

가. 독일-뮌헨 맥주 축제(Octoberfest)[15)]

독일 뮌헨의 민속축제인 옥토버페스트는 세계에서 가장 유명한 맥주 축제다. 매년 9월 세번째주 토요일 정오에 뮌헨시장이 첫번째 맥주통을 따면서 "O'zapftis(뚜껑이 열렸다)"라고 외치면서 시작되는 축제는 10월 첫번째 일요일까지 계속된다.

흔히 추수감사 축제로 알고 있지만, 옥토버페스트의 기원은 국왕의 결혼식을 축하하기 위한 잔치였다. 1810년 10월 17일 바이에른의 국왕 빌헬름 1세가 작센공주인 태레즈를 아내로 맞아들이는 결혼식에서 주민들이 왕의 천막을 세우고 충성과 존경을 표하자 이에 대한 답례로 빌헬름 1세가 주민 축제를 성대하게 열어줬다.

당초 이 축제는 한번으로 끝내려 했으나, 농민단체가 이어 받아 농민축제로 계속 열리게 된 것이 오늘의 옥토버페스트의 시초다.

당시의 축제에는 사격경기, 말타기, 그리고 민속춤 공연과 말, 소 등의 가축 품평회가 주를 이뤘으나 세월이 흐르면서 민속축제로 정착됐다.

---

15) 문화일보 2003년 9월 18일자, 사진 : 이오스 여행사

옥토버페스트는 1850년 태레즈 공주의 이름을 딴 정원(광장)에서 텐트로 맥주홀을 설치하고 여러 놀 거리를 마련하기 시작하면서 지금의 이 유명한 맥주 축제가 시작되었다. 축제기간 중에만 600만명이 넘는 인원이 참여하는 초대형 행사가 됐다. 축제기간 중 관광객과 주민들이 마셔대는 맥주만 500만ℓ가 넘고 소시지도 40만개 넘게 소비된다.

축제가 시작되면 뮌헨의 맥주회사들이 마차에 맥주통을 가득 실은 마차를 앞세운 채 고유의상을 입은 주민들이 행렬을 펼친다. 각 맥주회사들은 수천명을 수용하는 초대형 맥주텐트 10여개를 지어 손님을 모으고, 관광객들과 주민들은 경쾌한 독일 민속음악과 잔을 부딪치는 건배소리가 끊이질 않는 맥주텐트 속에서 떠들썩하게 먹고 마신다.

옥토버페스트는 어른들만 즐기는 축제는 아니다. 매년 축제가 열리는 잔디밭에는 롤러코스터같은 갖가지 탈 것들이 설치되고 놀이부스가 만들어져 어린아이들까지도 몰려 나와 축제를 즐긴다.

축제는 오전 11시경에 시작되며, 유럽 각국의 고유 의상 퍼레이드를 비롯해 브라스밴드의 공연 등 다양한 이벤트 프로그램들이 준비되어 있다.

표 12-1 옥토버페스트-연도별 축제 개최기간

연도	축제 기간
2004년	9월 18일~10월 3일
2005년	9월 17일~10월 2일
2006년	9월 16일~10월 1일

주 : 텐트 개관시간 : 오전 10시 30분~밤11시(Kafer, Weinzelt는 새벽 1시까지)

나. 프랑스 니스 카니발(Nice Carnival)[16)]

프랑스의 봄은 남동부 해안에 위치한 휴양도시 니스의 성대한 카니발로 시작된다.

16) 프랑스 관광청, 한국경제 [스포츠] 2003년 2월 10일

2월이 되면 니스는 축제를 준비하는 사람들과 전 세계에서 찾아온 관광객들로 한바탕 들끓는다.

1백만명 이상의 대규모 인원이 참여해 즐기는 니스 카니발은 모나코에서 마르세이유에 이르는 코뜨 다쥐르 지역에서 열리는 가장 큰 행사이자 프랑스에서 가장 중요한 국제적인 축제이다. 2003년에 120회를 맞은 니스 카니발은 2003년 2월 13일부터 25일까지 2주일에 걸쳐 화려하게 펼쳐졌다.

니스와 주변 마을인 칸트, 모나코, 생폴드방스, 에즈의 사람들은 물론 인근 지중해 연안 18개 국가에서 온 참가자들까지 합하여 약 12만명의 인원이 참가할 것으로 예상되는 대규모 행사가 이미 모든 채비를 마치고 축제의 시작을 기다리고 있는 상태다.

퍼레이드를 장식하는 수십 대의 꽃마차를 만드는 데는 디자이너와 금속공예가, 원예가, 조각가 등 다양한 직업을 가진 수십명의 사람들이 몇 개월 동안 매달려야 한다.

각종 가장 행렬과 악단 등을 준비하는 것도 적잖은 공을 들여야 하는 행사준비 기간 동안 도시 전체는 이 축제 하나만을 위해 존재하는 듯한 인상을 준다. 니스 카니발은 1876년 사육제 때 관광객들을 즐겁게 해주기 위해 시작된 것으로 알려진 꽃마차 경연이다. 말이 끄는 꽃마차가 수많은 꽃다발을 교환하는 놀이는 다른 곳에서는 찾아보기 힘든 풍경이다. 반짝이는 금속조각으로 장식된 의상에다 머리에는 깃털을 꽂은 마네킹들을 실은 꽃수레와 꽃다발, 수천개의 꽃송이로 아름답게 꾸며진 꽃마차 퍼레이드는 탄성을 자아낸다. 특히 미녀들이 꽃마차를 타고 구경 온 수십만 관중들에게 꽃송이를 던져주기 시작하면 니스거리는 흥겨운 축제 분위기로 들뜨기 마련이다. 축제가 진행되는 동안 사용되는 꽃들은 90%가 이 지역에서 생산된 것으로 관중에게 뿌려지는 꽃이 10톤에 달하는 엄청난 양이다.

축제의 주제는 해마다 바뀐다.

주제에 따라 퍼레이드의 시작을 알리는 거대한 종이인형 왕의 장식이 달라지고 그에 따라 행렬의 모습도 바뀐다. 퍼레이드에 참가하는 사람뿐만이 아니라 길가의 상점들 역시 축제의 주제에 맞춰 기념품을 준비하게 되는 것이다. 2003년의 주제는

'어릿광대 왕(Le Roi de la Clonerie)'이다. 원래 불어로 어릿광대를 나타내는 단어는 'clonerie'라고 자주 혼동하여 사용하는 데서 비롯된 이번 주제는, 오늘날 사회 현상을 우회적으로 표현하는 의미가 담겨 있다.

축제가 진행되는 동안 재미를 더해주는 것 중 하나는 거리 가득 쏟아져 내리는 여러 가지 색종이 조각들이다. 원래 이 색종이 조각들의 유래는 설탕이 입혀진 각종 씨앗이었다고 한다. 이는 19세기 초반부터 쓰이기 시작했는데 그 후 많은 카니발의 변천을 통해 오늘날의 색종이 조각으로 정착됐다.

니스 카니발은 인형 화형식과 불꽃놀이를 끝으로 올해의 축제를 마무리하게 된다. 또한 20여 개의 화려하게 장식된 마차행렬에는 300여 개에 달하는 특색 있는 거대 인형들이 선보이고 100여 개의 그룹으로 나뉘어 퍼레이드를 하게 된다.

다. 영국-에든버러 축제(Edinburgh Festival)[17]

옛 모습을 그대로 간직하고 있는 아름다운 에든버러시는 매년 8월 마지막 두주와 9월 첫째주에 걸쳐서 다양한 이벤트가 연이어 벌어지는 페스티벌로 국경을 초원하여 세계 각국에서 예술이라는 이름 아래 수많은 사람들을 불러들인다. 오페라 등의 연극이나 클래식, 재즈 등의 음악을 비롯하여 발레, 댄스, 서커스 그밖에 스코틀랜드의 소개도 다양한 형태로 행해진다.

수많은 이벤트 중에서도 꼭 권하고 싶은 것은 페스티벌 전날에 열리는 퍼레이드인데, 이것은 페스티벌에 참가하는 사람들이 자기 선전을 겸해 관객 서비스 차원에서 하는 것이다. 같은 퍼레이드라도 재즈페스티벌의 시작을 알리는 퍼레이드에는 참가자 각자가 재즈 전성기의 차림새로 참가하며 라이브 연주가 Prince St.에 울려 퍼진다. 그밖에 페스티벌 중반이 되면 폭죽을 터뜨리는데 특이한 것은 폭죽놀이에 음악이 곁들여진다는 사실이다. Princes St.가든에 만들어진 특설 무대에서 오케스트라가 심포니를 연주하는데 곡이 높아지는 부분에선 폭죽도 격렬하게 쏘아 올려

17) 홍원표의 영국여행, 주한영국관광청

지고 낮아지는 부분에선 불꽃이 커다란 원을 그리면서 서서히 공중에 퍼진다. 오케스트라 바로 옆에서 들을 수 있는 티켓을 살 수도 있으나, Princes St.에 있어도 폭죽놀이와 음악을 충분히 감상할 수 있다. 그래도 꼭 티켓이 필요한 사람이라면 퍼레이드 전날 Information Center에서 예매권을 구입하면 된다.

페스티벌 기간에 에든버러를 방문한 사람은 매일 밤 떠들썩한 궁중들이 성을 향해 밀려오는 것을 보고 깜짝 놀라게 될지도 모른다. 로열 마일이 사람들로 북적거려 비좁게 느껴지는데 모두 밀리터리 타투(Military Tattoo)를 보러 가는 사람들이다.

밀리터리 타투에서는 백파이프밴드를 중심으로 세계 각국의 밴드나 댄싱 그룹과 함께 음악을 연주하면서 다양한 연기를 즐길 수 있다. 또한 관객들 사이에도 일체감이 형성되어 곡에 맞춰서 노래를 하거나 스크럼을 짜거나 하면서 함께 타투에 참가한다. 티켓은 Tattoo Office에서 판매한다.

이 시기에 도시를 걷다보면 이곳저곳에 세워진 특설극장을 볼 수 있다. 빌딩 모퉁이나 공원 한가운데가 어느새 극장으로 변신한다. 마치 오프 브로드웨이의 작품은 모두 이곳에 모인 듯한 느낌이다. 약 1,000종류가 넘는 이벤트와 9,000여 개의 작품이 공연되며 그 중에서 좋은 평판을 얻게 된 작품이라면 스카우트되어 다른 장소에서 흥행에 성공하는 것도 꿈만은 아니다. 그런 만큼 관객들까지도 미래의 스타를 찾는데 높은 관심을 보인다. 평상시에는 불가능한 실험적인 작품도 출품된다. 또한 메인 페스티벌과 동일한 작품을 열심히 연기하는 극단이 있는가 하면 어처구니없을 정도의 저질 작품을 내놓는 극단도 있어서 그야말로 각양각색의 작품을 감상할 수 있다.

에든버러 국제 페스티벌은 1947년 창설되었다. 이 축제는 현재 세계에서 가장 중요한 예술 축제들 중 하나로 인정받고 있으며, 이 페스티벌의 창설자들은 축제 프로그램들이 가능한 한 최고의 예술적 수준을 가져야 하고, 여기에는 세계 최고의 예술가들이 출연해야 하며, 이 페스티벌이 유럽, 영국, 스코틀랜드의 문화생활을 활기 있고 풍요롭게 해주어야 하고 또 이 축제는 인간정신이 활짝 꽃피는 시간이 되어야 한다고 생각했다. 에든버러 국제 페스티벌은 수 십 년 동안 상당한 발전을 거듭해 왔으며 이 국제 페스티벌을 중심으로 다수의 다른 축제들도 생겨났다.

1) 에든버러 재즈 블루스 페스티벌

기라성 같은 세계 일류의 재즈 음악가들과 블루스 음악가들이 연주회장, 카바레, 무료 야외 행사장 등에서 9일 동안 공연한다. 프로그램은 6월에 제공된다.

2) 에든버러 밀리터리 타투

지구상에서 이처럼 멋진 쇼는 없다. 스코틀랜드에서 연례적으로 열리는 매혹적인 호화 야외 군사 행사로서 장엄한 에딘버러성을 배경으로 하여 펼쳐진다. 고적대와 전 세계의 묘기 시범팀, 무용단, 악대 등이 참여한다[18].

3) 에딘버러 페스티벌 프린지

예술과 연예의 성질에 대해 끊임없는 재정의를 내리는 이 프린지 축제에는 500여 공연단이 참여하며 수십명에 이르는 영국의 주요 코미디언, 공연자, 예술가들이 이곳에서 최초의 성공을 누린 바 있다. 프로그램은 6월에 제공된다.

4) 에딘버러 국제 도서 페스티벌

혁신적이고 역동적인 이 축제의 프로그램에는 성인이나 아동을 위한 다양한 주제들에 대한 문학 토론 낭독회, 저자와의 대화, 홍보, 워크숍 등이 포함된다. 프로그램은 6월 중순 제공된다.

라. 이탈리아-베니스 카니발(베네치아 카니발-Venezia Carnival) -축제로[19]

이탈리아의 북동쪽에 위치한 베네치아는 세계적으로 가장 유명한 관광지이다. 일년 내내 전 세계로부터 쇄도하는 관광객을 보고 있노라면 세계에서 유일하게 베

18) 사진자료출처 : http://www.edintattoo.co.uk

19) 출처확인요

네치아만이 가지고 있는 지형적, 역사적인 특수성을 이해할 수 있다.

현재에도 베네치아에서는 연중 다양한 축제와 행사가 개최되고 있다. 대부분의 중요한 축제들은 역사적 사건이나 종교적인 행사와 밀접한 관련을 맺고 있다. 그 중에서 가장 우리에게 널리 알려진 것은 카니발로서 이 축제가 열리는 기간에 등장하는 가면과 의상은 '세계 유일의 가면축제'로 찬사될 정도로 그 독특함을 자랑하고 있다. 또한 전 세계의 관광객이 몰려들어 베네치아의 미로와 같은 좁은 골목길은 인파의 홍수로 북새통을 이룬다.

1) 카니발의 기원

베네치아 카니발의 기원은 베네치아 공화국의 법령을 비롯하여 사문서 및 축제 관련 연혁에서 찾아 볼 수 있다. 카니발의 어원은 다음의 두 가지로 설명할 수 있다. 그 하나는 '배 마차'라는 뜻의 라틴어인 carrus navalis(로마력(曆)에 따라 한 해의 마지막 달인 2월에 로마에서 행해지던 정화와 맹세의 의식에 사용되던 배 모양의 형태를 한 행렬의 마차)에서 연유한다는 것이고 다른 하나는 '금육'이라는 의미를 지닌 라틴어인 carnem levare라는 이름에서 유래한다는 것이다.

베네치아 정부는 무엇보다도 국가의 보전에 주의를 기울였으며 교회의 권위에 결코 대항하지 않았으며 법으로 축제일을 지정하여 베네치아 시민들과 더불어 외국인들까지도 다양한 축하행사와 공연에 참여하게 함으로써 공화국의 단결된 모습과 종교적 의식을 고취시키는데 앞장섰다. 베네치아에서 종교는 정부와 민중들의 관습에 뿌리를 내리고 있었기 때문에 종교축제는 베네치아에서 매우 중요한 의미를 지니고 있었다. 베네치아의 수호성인이며 상징이 마르코(Marco)라는 것을 상기할 필요가 있다.

상기한 역사적, 종교적 축제 이외에도 힘의 우위를 가리는 축제가 있는데, 이는 일상생활에 있어서 전투정신을 유지하고자 하는데 그 목적이 있었다. 이러한 종류의 축제로는 레가테(Le regate, 노 젓기 시합), 권투경기(Lotte dei pugni), 인간 탑 쌓기(Le forze d'Ercole), 모의 해상전투 등이 있었으며, 이러한 축제들은 베네치아가

공화국으로 있는 동안 지속되었다. 그 중에서 레가타는 베네치아 인들을 하나로 단결시키는 역할을 하면서 현재까지도 계속 거행되고 있다.

카니발은 현재 베네치아에서 매년 지속적으로 행해지는 축제로서 1094년 베네치아 총독이었던 Vitale Falier의 지배시기에 사순절이 시작되기 이전 기간에 대중들이 즐겼던 오락과 관련이 있으며, 1296년에 베네치아 공화국 의회는 사순절 직전의 마지막 날을 축일로 지정함으로써 카니발은 공식적인 축제가 되었다.

2) 카니발의 행사내용

카니발은 매해마다 테마가 있는데 올해의 테마는 'Oriental Express'이다.

올해 카니발은 'Americana'라는 테마 대신 'Oriental Express'라는 테마를 가지고 개최하기로 결정되었다. 하지만 이번 테마에 들어간 Oriental에는 동북아시아 중 한국만 제외되어 있다. 이번에 결정된 Oriental에는 '일본, 중국, 타일랜드, 이탈리아' 이 4개국의 전통의상을 중심으로 개최될 것이라고 한다.

이번 카니발은 17일 동안 San Marco Square에서 동양으로부터 독창적인 많은 뮤지컬, 연극, 춤 그리고 곡예 같은 행사를 진행할 예정이다.

마. 스페인-토마토 축제

발렌시아(Valencia) 지방으로부터 서쪽으로 40 km 떨어진 곳에 부놀(Bunol)이라는 마을이 있다. 그런데 이 작은 마을이 매년 8월 마지막 주 수요일만 되면 "토마토 전쟁"이라고 하는 이색적인 축제를 벌인다. 축제 참가자들이 탄환 대신 토마토를 무기 삼아 서로를 향하여 사정없이 던지는 것이다. 마을에 있는 모든 사람들이 이 한 시간 동안만큼은 서로에게 적이 되어 승자도, 패자도 없는 "토마토 전쟁"을 치루는 것이다. 삽시간에 온 동네는 그야말로 토마토 즙으로 범벅이 되고, 그 가운데서 사람들은 웃고 떠들며, 넘어지고 달아나며 신나는 축제의 재미에 흠뻑 취하게 되는 것이다.

1) 토마토 축제의 기원

축제의 기원에 대해서는 해석이 분분하다. 그 가운데서 보다 역사적이고 사실에 근접한 해석은 1945년을 배경으로 한 내용이다. 마을 광장에서 전통의식이 거행되고 있고 마침시 당국자들이 음악대를 비롯하여 가장행렬에 참가한 사람들과 함께 지나가고 있었을 때, 한 청년집단이 행렬에 참여하고 싶은 마음에서 대열 중에 있는 사람들을 밀었다는 것이다. 그 결과 가장행렬의 한 사람이 바닥에 넘어졌고, 그가 일어났을 때는 보복으로 거기에 있는 모든 사람들을 치기 시작하였다는 것이다. 이렇게 시작되어 싸움은 곧 만인대 만인의 양상으로 확산되었고 누군가가 마침 근처 야채 노점에 진열된 토마토를 무기 삼아 집어던지는 일까지 생겼다는 것이다. "전쟁"은 결국 공권력의 개입으로 끝이 났지만 이때 참여했던 사람들은 이 날의 독특한 기억을 잊지 못하였다는 것이다.

이듬해 똑같은 수요일이 되었을 때, 마을의 청년들은 다시 광장에 모여들었고 이번에는 아예 각자가 집에서 가지고 온 토마토로 "전투"를 시작했다는 것이다. 당시 시당국은 이를 금지했으나, 주변에는 어느 새 "토마토 전쟁의 날"로 알려져서 그때부터 부뇰 마을은 해마다 토마토 던지기를 벌였다고 한다. 한 동안 당국의 금지조치로 토마토전쟁은 순탄하게 전개되지 못했지만 1957년 청년들이 풍자와 코믹의 의미로 토마토 장례식을 거행하면서 결국 당국은 그들의 요구를 받아들여 토마토전쟁을 허가하기에 이른다. 1980년 이후에는 양상이 바뀌어 오히려 시청이 이 축제를 주도적으로 조직하고 장려하게 되었다.

2) 토마토축제 행사내용

토마토축제가 시작하는 오전 11시가 되면 이 작은 마을 뷰놀의 사람들이 마을 중앙광장으로 모여, 서로에게 물을 뿌려주기 시작한다. 그리고 토마토축제가 시작하기 위해서는 광장중앙에 마련된 큰 기둥 꼭대기에 있는 매달려 있는 햄을 따야 하는데, 이것을 따기 위해서 모인 사람들은 서로 인간탑을 쌓기도 하며 협동심을 발휘한다.

드디어 기둥 꼭대기에 매달려 있는 햄을 따면, 준비되어 있던 토마토를 가득 담은 트럭들이 광장중앙으로 들어와 엄청난 양의 토마토를 내려놓기 시작하면 그 유명한 뷰놀의 토마토축제는 2시간 동안 시작된다. 서로가 서로를 향해 토마토를 던지는데 여기에는 수칙이 있다. 토마토를 으깨서 던져야 한다는 것이다. 단단한 토마토를 잘못 맞아 불상사가 나는 것을 막고자 하는 것이다. 그리고 꼭 준비해야 할 것은 물안경과 낡은 옷이다. 산이 가득한 토마토 파편이 눈에 들어갔을 경우 피눈물(?)을 피하려면 반드시 물안경이나 스키용 고글을 착용해야 한다. 그리고 빨아도 빨아도 지워지지 않는 토마토 물에서 마음껏 즐길 수 있는 낡은 옷도 필요하다. 하지만 절대 카메라는 가져가지 않는 것이 좋다. 토마토 폭탄의 집중사격이 되는 것이 바로 카메라이기 때문이다.

오후 1시가 되면 전쟁의 끝을 알리는 폭죽과 함께 이 즐거운 토마토 축제는 끝을 맺는다. 그리고 폭죽이 있고 난 다음 토마토를 던지는 사람들은 엄청난 벌금을 물게 된다. 이후 또 하나 볼만한 것은 이런 축제가 있고 난 후 몇 시간 후면 언제 그런 열정적인 축제가 있었던가 싶을 정도로 마을은 그전의 모습을 되찾는다는 것이다. 축제의 기간은 비교적 짧지만 한 지역사회를 단합하게 만드는 매력을 물씬 느낄 수 있다.

2 아시아의 축제

가. 일본-삿포르눈축제(Sapporo Snow Festival)

눈축제는 오도리공원을 중심으로 펼쳐지는 삿보르는 물론 세계적으로 유명한 겨울축제로서 매년 200만명 이상이 이곳을 다녀가고 있다. 이 축제의 매력은 시민, 외국인이 직접 눈조각상 등을 만들어 전시해 놓았으며 국제눈조각 경연대회 및 유키마쯔리 선발대회 등 다채로운 전시와 행사가 펼쳐진다.

특히 눈과 얼음조각전시회는 세계적인 건축물을 비롯해 각종 캐릭터 등이 전시되고 세계적인 조각가들이 제작한 250개 이상의 크고 작은 작품 그밖에 음악회·패션쇼·스키쇼·레이저쇼·노래자랑을 비롯해 국제 설상경연대회, 눈의 여왕 선발대회 등 각종 행사를 한다.

축제기간에 사용되는 눈은 일본자위대가 수송을 담당하는데 5톤 트럭 7,700대 분량이며, 매년 200만명 이상이 이 축제를 보기 위해 세계 각지에서 몰려든다. 삿포로 눈축제는 독일의 뮌헨 옥토버페스트와 브라질의 리우 카니발과 함께 세계 3대 축제 가운데 하나로 꼽힌다.

1) 축제의 기원 및 연혁

삿포로의 눈축제는 1950년 이 지역의 고교생들이 6개의 설상을 오도리 공원에 설치한 것을 계기로 시작되었다. 눈싸움, 설상전시회, 카니발 등이 행해졌는데, 5만명이 넘는 인파로 예상을 훨씬 뛰어넘는 인기를 끌었다. 그 후 점차 삿포로의 겨울 축제로 시민들 사이에 정착되었다.

1953년에는 높이 15m의 설상인 「승천」(昇天)이 처음 만들어지고, 1955년에는 자위대까지 가세해 대규모 설상 만들기에 도전했다. 열 돌을 맞이하여 개최된 1959년의 설상 제작에는 2,500명이라는 대규모의 인원이 동원되어 사상 처음으로 각 텔레비전과 신문에도 소개되었다. 이리하여 더욱 유명세를 탄 탓에 혼슈(本州)로부터의 관광객이 급증해 대성황을 이루었는데 이를 계기로 삿포로의 눈축제는 일본의 눈축제로 발전해 갔다. 그 후 발전을 거듭한 삿포로의 눈축제는 삿포로에서 동계 올림픽이 개최된 1972년 'WELCOME TO SAPPORO'라는 테마로 세계무대에 알려졌다.

그러나 오일쇼크로 인해 1974년 눈축제는 커다란 시련에 봉착하기도 했다. 눈을 운반하는 트럭의 가솔린을 구하지 못해 설상 속에 드럼통을 넣는 방식으로 눈 부족 위기를 극복해야만 했던 것이다.

한편, 이 해부터 국제설상대회가 시작됨으로써 삿포로 눈축제는 더욱 세계적인 축제로 발전할 전기를 맞았다. 국제설상대회가 개최됨으로써 중국 심양, 캐나다 앨

버트주, 독일 뮌헨, 호주 시드니, 미국 포틀랜드 등 삿포로와 관련이 깊은 외국 지역의 설상이 제작되어 국제색 넘치는 이벤트로 발전한 것이다.

나. 중국-빙등제(Ice and Snow Festival)

1) 빙등제의 유래

빙등제는 하얼빈얼음축제 · 하얼빈빙설제 · 하얼빈빙등제라고도 한다. 1963년부터 열리기 시작했지만, 공식적으로 개최되기 시작한 것은 1985년 제1회 하얼빈빙설제(哈爾濱氷雪祭)가 열리면서 부터이다. 이후 해마다 1월 5일에서 2월 5일 사이에 개최되는 눈과 얼음의 축제로, 빙등제와 빙설제가 별도의 장소에서 개최된다.

빙등제는 자오린공원(兆麟公園)에서 열리는데, 이 공원은 중국의 항일 영웅인 리자오린(李兆麟)을 기념하기 위해 설립한 공원으로, 안중근(安重根) 의사가 사형대에 올라가며 조국이 독립될 때까지 자신의 시신을 묻어 달라고 유언했던 하얼빈 공원의 현재 이름이기도 하다.

축제가 열리는 1~2월이 되면 공원 전체를 얼음 조각상으로 장식하고, 오후 4시가 넘으면 얼음조각 안의 오색등을 밝혀 아름다운 경관을 만들어 낸다. 이 때 전시되는 작품 수만 해도 1,500여 점이나 되며 전세계적으로 가장 오래된 대규모 빙등 예술전시회로 꼽히고 있다. 1963년에 시작된 이 얼음축제는 하얼빈의 사회 · 경제적 발전을 가져오는데 한 몫을 하면서 주목받기 시작했다. 장쩌민, 리펑, 치아오스 등 유명한 지도자들이 여러 차례 참관하여 격찬을 아끼지 않았다고 한다. 매년 같은 얼음으로 만들어지는 작품이지만, 등의 모양이 해를 거듭할수록 독특하고 참신하기 때문에 매년 이곳을 찾는 관광객들에게 신선한 느낌을 안겨준다.

12월이 되어 영하 20℃ 이하로 내려가는 추운날이 이어지면 송화강이 꽁꽁 얼어붙는데, 이곳의 얼음이 바로 빙등제에 쓰일 재료가 된다. 송화강에서 가져오는 얼음은 유난히 하얗고 단단하여 아름다운 조각품들을 더욱 돋보이게 하며, 조각가들은 이 얼음으로 유명한 건축물이나 동물상을 웅장하고 정교하게 조각하여 실감나게 한다.

개최 기간에는 전 세계의 유명 얼음조각가들이 모여들어 세계의 유명 건축물이나 동물 · 여신상 · 미술품 등의 모형을 만들어 전시하는데, 영하 20℃ 이하의 추운 날씨에서 얼어붙은 쑹화강(松花江)의 단단하고 하얀 얼음을 이용한다. 또 오후 4시 이후에는 얼음 조각 안의 오색등을 밝혀 신비하고 아름다운 장관을 연출해, 건축 · 조각 · 회화 · 춤 · 음악 등이 고루 어우러진 예술 세계를 보여준다.

2) 빙등제 규모

총부지면적은 39만평방미터 그중 주요 풍경구의 남북 길이는 380미터, 동서길이는 500미터, 부지면적은 20만평방미터 얼음 총사용량은 9만입방미터, 눈사용량은 13만입방미터, 채색 얼음사용량은 2000입방미터이다.

3 아메리카의 축제

가. 캐나다-퀘벡 윈터 카니발

2004년 1월 30일부터 2월 15일까지 17일 동안 열리는 퀘벡 겨울 카니발은 50년 동안 세계의 겨울수도로 자리매김하게 한 모든 가족들을 위한 흥미진진한 이벤트들로 가득하다. 스포츠, 예술문화 활동들을 제공하여 성인과 아이들 가족 모두에게 겨울의 즐거움을 만끽한다. 이번 퀘벡 겨울 카니발은 50번째 기념으로 개최되며, 지금까지 퀘벡 겨울 카니발을 도와준 자원봉사자들을 위한 밤 또한 준비되어 있다.

이번 퀘벡 겨울 카니발에서는 눈목욕, 멀티미디어쇼, 스위스 요리페스티벌, 나이트 퍼레이드, 썰매달리기, 얼음낚시, 눈조각, 말썰매, 개썰매, 아이스타워 등의 행사가 열릴 예정이다.

1608년 이후 계속적으로 퀘벡은 프랑스 세력의 근거지였기 때문에 지금까지도 프랑스의 전통과 문화가 곳곳에 살아 있다. 주민들의 약 95%가 프랑스어를 사용하고 있어, 영어권이 압도적으로 우세한 캐나다에서 유독 프랑스 색채가 짙은 곳이 퀘벡주이다. 이런 퀘벡주에서 열리는 퀘벡 겨울카니발은 퀘벡의 다양한 문화를 잘 대변해 주고 있다.

1) 퀘벡 겨울 카니발의 주요행사

약 10여일 간 이어지는 겨울 카니발은 곳곳에서 얼음조각전, 얼어붙은 세인트로렌스 강을 건너는 카누 경기, 보트 경주, 빙판에서의 자동차경주 등의 다양한 겨울 이벤트가 열린다. 축제기간 내내 눈 조각전이나 눈의 성 조명소, 그리고 눈사람이 만들어내는 밤 퍼레이드에 시민은 물론 이곳을 찾은 관광객에게도 도취된다.

2) 퀘벡 윈터 카니발의 주요 Event행사들

- 나이트 퍼레이드(Night parades)

겨울 축하파티는 겨울거리로까지 펼쳐진다. 아이와 어른들을 위한 독특하고 장대한 볼거리가 눈덮힌 거리위에서 펼쳐진다.

동화같이 꾸며지는 무대차와 밴드 그리고 마스코트들이 구경하는 아이들과 어른들을 위한 마술을 펼치면서 행진하는데, 20가지의 색깔로 꾸며진 무대차는 20만명의 관객과 60만명의 TV시청자들을 즐겁게 한다. 광대들과 뮤지션 그리고 여러 종류의 엔터테이너들이 쇼에 나온다. 퍼레이드는 겨울의 마술과 카니발의 절정을 만끽할 수 있는 황금의 기회가 될 것이다.

- 국제 눈조각 쇼(The International snow sculpture show)

아브라암의 평지대가 전세계에서 온 조각가들이 눈블럭에 생명을 불어넣어주기 위한 거대한 실외 전시장으로 형성된다.

눈조각은 퀘벡사람들에게 오랫동안 삶의 일부분이 되어왔다. 전문조각가들과 아마추어 그리고 아이들이 집 앞이나 특정한 장소에서 녹아 없어질 예술작품을 만들어 도시에 겨울축제 분위기를 한껏 고조시키기 시작한 것은 1950년대부터이다. Ste-Therese거리는 이 유명한 카니발 이벤트의 요람이다. 1973년에는 처음으로 국제조각 이벤트가 개최되어 4팀이 참가하였다. 그때는 단지 국제 카테고리밖에 없었는데 1974년 캐나다 지역 그리고 1982년에는 퀘벡지역이 추가되었다. 매년 30개국이 넘는 나라를 대표하는 50개가 넘는 팀이 이 이벤트에 참가한다. 미리 선정된 팀들과 함께 20개의 팀들이 심사팀에 의해 뽑힌다. 캐나다지역에서는 북서지역과 Yukon, Nunavut와 함께 10개의 캐나다 주를 대표하는 13개의 팀들이 뽑히고 그리고 마지막으로 퀘벡지역에서는 각주를 대표하는 10여개의 팀들을 맞이한다. 매년마다 적어도 이들 팀들중 한 팀은 눈으로 조각하는 경험을 하지 못하고 심지어 눈을 보지 못하는 경우도 있다.

- St-Hubert 눈 목욕(The St-Hubert snow bath)

닭살과 떨림 완벽한 증명!! 구경꾼들은 이 용감한 눈목욕하는 사람들을 응원하기 위해 모인다. 75명의 용감한 남녀들이 추위에 맞서 싸운다. 단, 한가지의 보호장비는 목욕옷 추위로의 짧은 휴식들 사이의 3번의 재빠른 다이빙이 이 프로그램의 일부분이다. 매번 새로운 에너시로 충전된 용감힌 참기지들이 자연의 힘을 정복하러 뛰어든다.

- St-Hubert 얼음성 (Ice palace)

마법의 얼음성은 1955년에 Jacque-Carlier Square에 처음으로 Bonhomme 카니발과 페스티벌에 참여한 게스트를 위해 건축되어졌다.

신기한 점은 이성은 지하감옥까지 갖추고 있는데 농담이겠지만, 이 감옥은 Bonhomme상을 공경하길 거부하는 사람들을 가두기 위해 만들어졌다고 한다. 1956년에서 1972년까지 Bonhomme는 Youville Square에 안치되어졌다. 수많은 사람들이 그곳에 모여 춤추고 파티를 하였다. 1973년 Bonhomme의 얼음성은 퀘벡의회 앞으로 옮겨졌다.

The Canival kindom의 궁전은 1979~1994년까지 눈을 재료로 건설되어졌는데 약 9000톤의 눈이 대저택을 짓기 위해 사용되어지기 위한 엄청난 벽돌을 만드는데 들었다고 한다. 그 결과 넓이 50미터 깊이 20미터 높이 20미터의 엄청난 크기의 성이 만들어졌다고 한다. 15명이 2달 동안 이성을 만들기 위해 작업하였는데, 이 프로젝트의 예상비용은 65,000 캐나다 달러였는데, 거기에 20,000달러의 비용이 조명과 특수효과와 같은 전자장비에 들었다고 한다. 그러나 이 작품은 그 돈의 가치를 충분히 해내고 있다. 왜냐하면 이성은 수많은 카니발 행사에서 항상 중심부분을 소화해내고 있기 때문이다.

카니발에 오는 사람들의 기쁨과 함께 1993년 눈성은 다시 모습을 드러냈는데, 이것은 페스티발의 기원으로의 재발견이라고 할 수 있다.

나. 텍사스 나비축제(Texas butterfly festival)

축제주제는 "오랜 친구와 함께 새 친구를 만들어요(Catch up with old friends and make some new ones)"로 나비를 통한 자연적인 어울림을 주제로 하고 있다. 이 축제의 개최 시기 및 개최 기간은 연 1회 10월 중순이며, 축제 개최 8회를 맞는 2003년의 경우, 10월 16일부터 10월 19일까지 4일 동안 개최되었다.

1) 축제의 특징

축제 대상은 전 연령층에 걸쳐 자연과 나비에 관심이 있는 관광객을 대상으로 하여 개최되고 있으며, 참가연령층도 학술회의에 참가하고자 하는 학자, 가족단위 방문객, 소규모 모임, 자연학습여행자 등으로 다양하다. 축제 프로그램은 현장체험, 관련용품산업전, 학술세미나, 나비전시회, 기타활동(나비관찰, 나비와 자연 의상퍼레이드), 어린이 활동으로 구분하여 개최하여 다양한 계층에서 참여하고 있다. 특히, 축제개최기간 동안 다양한 주제의 학술세미나를 개최하고 있으며, 나비 관련 전문학술 세미나에서 나비 기르기와 정원 가꾸기와 같은 학습 세미나까지 다양하며, 축제 개최 이전에 프로그램 별 참가자를 등록받고 있다.

참가자의 관심이 높은 현장체험은 나비의 종류별로 구분하여 시행하고 있으며, 전문 인솔자가 이를 운영하고 있다. 어린이 활동의 경우는 나비박람회(Butterfly Bonanza), 어린이축제(Children Fun Fair), 어린이 나비와 자연의상 퍼레이드(Children's

Butterfly & Nature costume Parade)와 같이 관찰을 중심으로 한 학습프로그램과 어린이들의 흥미와 재미를 유도할 수 있는 자연의상 퍼레이드로 구성되고 있다.

이 축제는 방문객 유도뿐만 아니라 산업적 측면을 놓치고 있지 않는데, 텍사스나비축제(Texas butterfly festival)에서는 나비 관련 용품, 자연관찰용품의 산업교류전도 개최하고 있다. 한편, 축제 관련 프로그램뿐만 아니라, 텍사스나비축제(Texas butterfly festival)에서는 축제 후(post) 여행상품을 안내하고 판매하고 있음.

▌그림 12-1▐ 텍사스 나비축제(Texas Butterfly Festival)

다. 탐조관광페스티벌(Birding, Bird Watching Festival · Avitourism)

자연을 소재로 한 지역축제는 국내 · 외에서 활발히 이루어지고 있는 실정이다. 이의 사례는 위에서 논한 텍사스 나비축제에서도 국내의 다양한 축제에서도 찾을 수 있다. 또한 자연보호를 중심으로 하는 페스티벌은 수확을 목적으로 하는 낚시나 사냥보다 매우 빠른 성장을 보이고 있는 추세라고 보고되고 있다(Eubanks, Kerlinger, & Payne, 1993).

미국의 경우 관련산업 종사자가 밝히는 바에 의하면, 탐조관광참가자는 1990년 8천 2백만명에서 2025년에는 약 1억 1백만명에 이를 것으로 추산하고 있다(Hall &

O'Leary, 1989; MaMath, 1989). 또한 미국 내에서 탐조관광을 소재로 한 지역축제는 1998년에 이르러 약 120건으로 확장된 것으로 나타나고 있으며(American birding, 2002), 선행연구보고서에 의하면, 농촌지역에 있어 탐조관광이나 자연자원을 바탕으로 한 활동(nature-based tourism activities)은 지역이 경제적으로 다양화될 수 있는 기회와 재정적 이익을 제공하고 있다고 한다.

또한 지역주민들도 자연보호와 자연에 대한 지식을 증대시킬 수 있으며, 새들의 자연적 서식지로서 지역주민의 자부심을 증대시키며, 〈표 12-2〉와 같이 탐조관광 페스티벌 실질적 가치가 있는 것으로 나타나고 있다.

표 12-2 미국의 지역별 탐조관광페스티벌의 경제적 효과

지역명	방문객수	경제적 효과
텍사스 하이 아일랜드 (High Island, Texas)	6,000명	직접지출은 30억원이고, 경제효과는 72억원에 이름.
온타리오 포인트 펠리 (Point Pelee, Ontario)	57,000명 이상	직접지출 약 48억원
애리조나 (Arizona)	38,000명 이상	직접지출은 19억 2천만원, 경제효과는 32억원, 고용유발은 56개에 이름
오레곤 맬휴 야생동물 보호지 (Malheur National Wildlife Refuge, Oregon)	50,000명 이상	직접지출은 48억원

자료출처 : Texas University(2002), American birding(2002), Eubanks, Kerlinger, & Payne(1993)

라. 브라질-리우 카니발(Rio De Janeiro Carnival)

매년 부활절을 7주 앞두고 열리는 브라질의 카니발은 축제기간을 달구는 폭발적인 열기와 진행방식의 다채로움 때문에 브라질인 뿐만 아니라 세계인의 관심과 흥분을 이끌어내는 이른바 세계 최고의 축제이다.

카니발이 열리면서 브라질은 멈추어 버린다. 토요일부터 화요일까지 나흘 간 지

구 남반구의 여름의 절정에서 브라질은 노래하고 춤을 춘다. 댄스홀, 클럽, 거리, 해변에서 사람과 음악이 있는 곳이라면 어디에서나 노래와 춤이 있다.

즐거움과 기쁨을 줄 수 있다면 모든 게 허용되는 쾌락의 축제이다. "카니발 기간 중에는 악마가 날개를 펴고 아무도 어느 누구에게도 속하지 않는다." 그러나 모든 도시에서 거리의 카니발이 열리는 것은 아니다. 일부 도시에서는 점잖은 옥내 연회로 대체하고 적지 않은 브라질인은 소란스러움을 피해 여행을 떠나기도 한다. 그러나 연초부터 2월의 카니발 기간까지 브라질에서 가장 중요한 거국적 과제는 역시 카니발이다. 많은 브라질인은 흔히 말한다. "나는 카니발을 위해 벼르고 있는 게 있어요."

1) 리우 카니발의 기원

처음 브라질에 도착한 카니발은 무질서한 포르투갈 엔트루두(enrudo, 사육제)의 형태를 그대로 따랐다. 사람들은 거리로 뛰어나와 서로에게 진흙을 던지거나 오물을 끼얹고 밀가루를 반죽하여 만든 공을 날리는 등 소란을 피우기도 하는데 17세기 포르투갈 식민자들에 의해 브라질 북동부 바이아 지방에 도입된 이 전통은 식민시대와 이후 군주시대에 걸쳐 계속 이어졌다. 한편, 사탕수수산업이 융성하면서 아프리카에서 브라질에 온 흑인노예가 전한 아프리카 기원의 갖가지 음악과 춤이 유입되었는데 그 중 하나로 바투케(batuque)가 있다.

유럽의 고급문화를 본 딴 변화도 꾀해 카니발 최초의 가면무도회가 1840년 리우에서 열려 왈츠와 폴카를 포함한 다양한 음악을 선보이기도 했으나, 결정적인 새로운 변화는 1848년 거리의 한 젊은 포르투갈인 구두닦이 Jose Nogueira Paredes가 카니발 퍼레이드에 참가하여 커다란 베이스드럼을 치면서 찾아왔다. 이 해 이후 수많은 축제 참가자들이 드럼을 치고 노래를 부르며 거리를 메우기 시작하였던 것이다. 이어 1850년 흔히 sociedade로 불리는 귀족집단의 후원을 받아 말, 군악대, 장식행렬이 등장하여 경쟁적으로 거리를 행진하는 최초의 유럽식 퍼레이드가 열렸다. 이즈음 질서정연한 퍼레이드에 지루함을 느낀, 값비싼 가면무도회 티켓을 살 수 없는 리우의 가난한 서민들은 남성으로만 구성된 cordoes를 조직하여 아프리카리듬을 따라 요란스럽게 거리축제를 벌이기 시작하였다. 이러한 아프로브라질 영향은 1870년 이후 리우데자네이루주 북부 커피경제의 위축으로 많은 노예들이 일을 찾아 주도인 리우로 몰려들면서 더욱 커져갔다.

Cordoes의 변형형태인 Ranchos가 후에 등장했는데 여기에는 여성이 포함되었다. 1873년 최초로 ranchos가 카니발에 정식으로 참여하였고 카니발 역사에서 이는 ranchos의 테마가 퍼레이드를 통해 표현된 점에서 기록될 만한 일이다. 마치 이동극장에서처럼 ranchos는 아직도 '이야기'를 전달한다. 물론 화려한 삼바학교에 의해 카니발 퍼레이드의 영역이 대부분 장악되기는 하지만 나흘간의 축제기간 중 월요일에는 어김없이 나타난다. Ranchos는 아직도 옛시절의 우아한 방식을 유지하면서 느린 멜로디의 감흥이 드러나는 marcha-ranchos 음악에 맞추어 춤을 춘다.

1899년 cordao 중 하나인 Rosa de Ouro는 작곡가인 Chiquinha Gonzaga에게 퍼레이드 음악을 작곡을 요청하였고 이에 응한 Chiquinha는 cordoes 퍼레이드가 자신의 집을 지날 때 감지했던 북적거리는 떠들썩한 리듬을 삽입한 선율을 만들어냈다. 제목은 "O Abre Alas"(길을 열어요)로 공식적으로 기록된 최초의 행진이었고 카니발을 위해 작곡된 최초의 음악이기도 하였다. 쉽고 단순한 리듬과 노랫말로 상당한 대중적 성공을 이끌어냈다. 1920년대에 오면서 행진이 카니발 축제의 중심을 차지하게 되었고 당시에는 실내에서 행진이 이루어졌었다. 음악은 Gonzaga 음악에서 편곡된 노래가 주조를 이루었지만 점차로 자유롭고 자유분방한 빠른 박자의 곡인 ragtime과 북미의 원 스텝(one-step) 리듬에 영향을 받기 시작하였다. 오늘날 행진은 유쾌한 축제 음악으로 주로 꾸며지지만 다양한 호른과 드럼으로 무거운 비트를 내고 단순하고 익살스러운 노랫말 속에 강한 사회비판을 담기도 한다.

1930년대는 카니발노래 작곡의 황금기였다. 당시에 쓰였던 헤아릴 수 없이 많은 행진곡과 삼바는 오늘날에도 여전히 고전으로 남아있다. 삼바는 1960년대 초 이래 가장 대중적인 카니발 음악이 되었으며, 특히 실내무도회에서는 수십년 전 작곡된 고전 삼바음악이 아직도 연주되고 있다. 그리고 군중이 뒤를 따르는 가운데 리우

거리를 행진하는 악단은 행진곡을 연주한다. 악단은 드럼과 브라스파트로 나뉘어져 있는데 구성이 비형식적이어서 의상의 경우 통일성은 보이지 않는다.

악단의 가장 중요한 역할은 행진을 하면서 자연스럽게 브라질 옛거리의 카니발을 재현시킨다는 데 있다. 리우와 주변지역에는 지역별 밴드를 가지고 있고 최초의 밴드는 1960년 대 결성된 Banda de Ipanema이다.

Rio 카니발의 또 다른 프로그램으로 많은 사람들이 동일한 의상으로 치장하고 거리의 한 블록에서 열정적으로 춤을 추는 blocos de empolgacao이 있다. 규모가 큰 bloco의 하나인 Cacique de Ramos의 6000~7000명에 이르는 단원들이 작열하는 삼바에 맞추어 일제히 춤을 추면서 퍼레이드의 대미를 장식할 때 환상적인 장관을 연출해 낸다. 삼바는 리우의 가장 중요한 카니발기관인 삼바학교의 핵심주제이다.

카니발을 최종적으로 완성시키는 요체인 삼바학교는 1928년 설립과 함께 리우 카니발에 합류하기 시작하였고, 이어 보는 이나 참여하는 이나 혼미에 빠지도록 하는 화려한 광경을 선물해 주었다. 눈부신 행렬, 기이한 의상, 수천명의 무희, 리듬의 향연은 음악적으로나 시각적으로나 관객의 입장에서 하나의 퍼포먼스로 감상하기에는 매우 벅찬 거대한 오페라를 연상케 한다.

저자소개

김석출

학력 | 영국 써리대학교(U. of Surrey) 국제호텔경영학 석사(MSc)
영국 써리대학교(U. of Surrey) 관광경영학 박사(PhD)

경력 | 영국 호텔&케이터링협회 평생회원
스위스 루체른 IMI 호텔스쿨 강사 역임
미국 미주리 주립대학교 연구방문 교수 역임
현, 배재대학교 관광문화대학 관광이벤트경영학과 교수

유종서

학력 | Florida International University Hospitality Management, M.S
Culinary Institute of America, A.O.S
경기대학교 외식조리 박사과정 수료

경력 | 삼성 에버랜드 과장 역임
현, 배재대학교 관광문화대학 호텔 · 컨벤션경영학과 부교수

김영표

학력 | 미국 University of New Haven 대학 대학원 졸업(석사)
호주 University of Queensland 대학 대학원 졸업(박사)

경력 | 강릉관광개발공사 이사
부산발전연구원 부연구위원
미국 University of Connecticut 관광레저연구소 연구원
호주 PMM 리조트 개발연구원

관광과 문화

2011년 2월 28일 초 판 1쇄 발행
2016년 8월 30일 개정판 1쇄 발행

지은이 김석출 · 유종서 · 김영표
펴낸이 진욱상
펴낸곳 백산출판사
교 정 편집부
본문디자인 박채린
표지디자인 오정은

저자와의
합의하에
인지첩부
생략

등 록 1974년 1월 9일 제1-72호
주 소 경기도 파주시 회동길 370(백산빌딩 3층)
전 화 02-914-1621(代)
팩 스 031-955-9911
이메일 edit@ibaeksan.kr
홈페이지 www.ibaeksan.kr

ISBN 979-11-5763-284-8
값 17,000원